5년제 인생대학 졸업 보고서

**5년제
인생대학
졸업 보고서**

2025년 8월 11일 제1판 제1쇄 발행

지은이	조재도
펴낸이	강봉구

펴낸곳	작은숲출판사
등록번호	제406-2013-000081호
주소	10892 경기도 파주시 와석순환로 307, 산내마을 1107-101
전화	070-4067-8560
팩스	0505-499-8560

홈페이지	http://www.littleforestpublish.co.kr
이메일	littlef2010@daum.net

ⓒ 조재도

ISBN 979-11-6035-167-5   03800

값은 뒤표지에 있습니다.
※이 책은 저작권법에 따라 보호받는 저작물이므로 무단 전재와 무단 복제를 금합니다.
※이 책의 전부 또는 일부를 이용하려면 반드시 저작권자와 '작은숲출판사'의 동의를 받아야 합니다.

자율적이고 주체적인 삶을 살려는
한 '자유인'의 치열한 활동 보고서

5년제
인생대학
졸업 보고서

조재도 지음

차례

머리말	6

I. 들어가며　11

II. 실제 한 활동과 공부한 내용　17

　1. 불不모임에 대하여　18

　2. 청소년평화모임에 대하여　22
　　1) 모임 결성 동기　23
　　2) 왜 아동 청소년평화인가　26
　　3) 인생에서 아동기와 청소년기의 중요성　31
　　4) 청소년기 자아는 어떻게 형성되고, 그 자아는
　　　 인생에 어떤 영향을 미치나　37
　　5) 통합자아와 대치자아　46
　　6) 청소년평화모임은 어떤 모임이며 무슨 일을
　　　 했나　52
　　7) 모임의 변화 : '청소년평화모임'에서
　　　 '함께평화모임'으로　66
　　8) 앞으로의 전망　67

3. 새로운 인식의 전환 - 선善의 세계에서 미美의 세계로 71

4. 시의 변화 - '대중시'에 대하여 80
  1) 변화의 계기 : 7금禁, 4권勸 80
  2) '대중시'라는 명칭 86
  3) 대중시 출현의 사회 문화적 배경 90
  4) 비로소 도달한 나의 시 세계 96
  5) 대중시의 요건 100
  6) 대중시 작법 119
  7) 대중시의 퇴고 142

5. 재난을 대하는 우리의 자세 : 코로나19 시대를
  지나며 147

6. 그 외 (저술) 활동 159

III. 총괄평가와 전망   167

머리말

 이 책을 준비하는 과정에서 나는 책 표지 그림을 직접 그려서 출판사에 보냈다. 책을 내는 나의 뜻이 표지에 가장 잘 나타나게 하기 위해서였다. 불不모임 + 청소년평화 + 대중시 = 대자유라는 내용을 도안한 그림을 뒷표지에 넣었다. 인생대학 5년 동안 공부(수행)하고 실천한 것을 압축적으로 보여 주는 내용이다. 그런데 여기서 눈여겨봐야 할 것은 대자유라는 말이다. 사람들은 누구나 자유로운 삶을 살고 있다고 생각한다. 그러나 실제로는 그렇지 않다. 그리고 그렇지 않음을 또 스스로도 잘 알고 있다. 그러니까 재밌는 것은 현대인은 자유롭다고 생각하면서 자유롭지 못한 삶을 살고 있다는 것이다.
 자유롭게 살기 위해서는 자유를 지켜야 한다. 현대 사회는 인간을 조금도 자유롭게 놓아주지 않는다. 가족이라는 굴레, 직장, 인간관계, 돈벌이, 종교, 정보, 어떤 생각, 뉴스, 각종 SNS, 비교와 경쟁의식, 재산, 투자, 신제품, 각종 기계, 인공지능, 시간, 나이, 노화, 그런 가운데 질병, 중독, 건강, 죽음 등 갖가지 예속의 사슬이 사람의 목에 굴레를 씌워 끌고 다닌다. 겉으로는 노예가 아닌 분명한 자유인인데 실은 말뚝에 매인 삶에서 벗어나지 못하고 있다. 그것은 아마도 실제로는 사슬에 묶여 있지만 오랜 삶의 관행으로 그 사슬의 무게를 느끼지 못해서일 것이다. 나이 들면서 쫓기는 듯한 절박함에 '5년제 인생대학'을 만든 것도, 그리고 그동안 하루하루를 마지막 날처럼 살며 맹렬 정진한 것도 생각해보니, 결국 이 '자유'를 지켜내기 위해, '대자유'를 향한 노정을 잃지 않기 위해 실천한 과정이었다.

그러면서 한 가지 깨달은 것이 있다. 우리를 끊임없이 노예로 격하시키는 물질문명의 현대 사회에서 자유(자주, 자율, 평화)를 지켜내는 방법이 하나 있다는 것을 알았다. 그리고 그것은 지키고자 하는 의지만 있으면 누구든 가능하다는 것도 알았다. 그것은 바로 '동의하지' 않는 것이다. 내가 동의하지 않는 한 나의 자유를 억압하여 나를 옭아매고 격하시키려는 세력은 무의미하다. 내가 동의하지 않는 한 그 어떤 것도 나를 휘둘리게 할 수 없다. 그래서였는지 모른다. 어느 날 나는 이런 시를 썼다.

어제를 향해

업그레이드 하지 않기로 했다
최적화도 하지 않기로 했다
컴퓨터 얘기가 아니라
내 얘기다
앞서가긴 고사하고
뒤따라가기도 벅찬 세상에
있는 것 그대로 종요로이 품고
근원을 향해
뒤로 가기로 했다.

이 책은 그러니까 그런 문제의식에서 5년 동안 내가 다닌 인생대학을 졸업하면서 쓴 보고서이다. 일반 대학이나 대학원도 졸업하려면 졸업 논문을 쓰지 않던가.

인생대학을 다닌 지난 5년 동안 하루도 나는 죽음을 생각하지 않은 날이 없었다. 죽음을 의식할수록 삶은 더욱 예리하게 빛나고, 그 시간이 곧 생명의 시간이었음을 알았다. 그 날선 민감함으로 건져올린 실천의 결과가 이 책이다.

2024년 인생대학을 졸업한 후 나는 인생대학 동기인 전인 시인과 함께 2025년 1월 1일부터 인생대학 대학원에 입학하여 다니고 있다. 기간은 역시 5년. 주요 교과목(슬로건)은 '일상에서의 심화학습'이다. 인생대학에서 공부해 터득한 것을 이제 일상에서 심화시켜 그야말로 '대자유'의 경지를 생활 속에 구현하려는 것이다. 그러다 보면 70대 중반. 이제 가도 그리 섭섭하지 않을 나이, 그리하여 때가 되면 그렇게…….

2025. 7

조재도

* 이 책에 인용된 시 가운데 지은이를 밝히지 않은 모든 시는 필자의 것입니다.

I
들어가며

2020년 1월 1일 나는 5년제 인생대학에 입학했다. 그동안 근무했던 학교에서 55세에 자주自主퇴직한 지 8년 만에, 그리고 나의 생물 나이 63.8세 되던 해의 일이다.

'5년제 인생대학'이란 처음 내가 설계한 것으로 전인 시인과 함께 다니게 되었다. 인생대학을 만든 계기는 이러하다. 하루하루 갈수록 삶은 죽음에 가까워가고, 그런 가운데 지금까지 살아온 나의 삶을 한 단계 더 고양시키고 싶었다. 내면에서 올라오는 그 절박함은 너무 강렬해서, 지금까지 나의 삶의 영역을 전체적으로 점검하고, 그것을 바탕으로 인생의 마지막 단계인 '자아실현'의 경지를 실현하고 싶었다. 강물 따라 흘러온 시냇물이 바다에 가닿고 싶었다고 할까? 다시 말해 내 존재의 원을 최대치로 넓히고 싶었다.

우리나라 남녀 평균 건강나이가 73.5세라고 한다. 정신적으로나 육체적으로 건강한 상태에서 생활할 수 있는 남녀 평균 나이가 그렇다는 말이다. 그 후 남자는 약 7~8년을, 여자는 그보다 좀 더 긴 시간을 온갖 질병에 노출되어 앓다 죽는다고 한다. 내가 인생대학을 설계하고 입학을 결심했을 당시 내 나이는 65세였다. 건강수명인 74세까지 10년도 채 남지 않았다. 그리고 그것도 병 없이 운이 좋아야 그때까지 건강하게 살 수 있으며, 그 전에 무슨 일로 갑자기 죽을 수도 있다는 생각이 늘 강하게 들었다. 나는 지금도 그렇지만 그즈음에도 죽음을 의식해서인지 하루하루 사는 일이 너무 감사하고 절실했다. (그렇다고 죽음에 압도된 것은 아니다. 다만 하루하루의 시간을 그날이 내 인생의 마지막 날인 것처럼 열심히 살아 시간을 허투루 보내지 않으려고 했다.)

앞으로 남은 10년이라는 시간. 그 시간에 나는 내 인생을 어떻게 완성할 것인가? 흔히 말하는 생의 노년기를 무엇을 추구하며 일상을 살아갈 것인가? 그런 생각 끝에 일단 5년제 인생대학에 들어가, 그야말로 면벽 수도하는 수도승처럼 고시 공부에 열심인 수험생처럼, 그렇게 일상을 지내보고자 하였다.

인생대학에 들어가면서 구체적인 목표로 삼은 것은 두 가지였다. 나는 그것을 인생대학 슬로건(교과목)이라고 한다.

① 내가 생각하는 나로부터 자유롭기.
② 남이 생각하는 나로부터 자유롭기.

말 그대로 나를 둘러싼 삶의 모든 영역에서 '자유롭자'는 것이다. 가정, 문학(특히 시), 운동, 교육, 종교 같은 내 삶의 영역에서 지금까지의 껍질을 한꺼풀 벗고, 더 늦기 전에 진정으로 '나답게' 살고 싶었던 것이다. 키에르케골이 말한 '단독자'랄까? 그동안 형성된 나의 세계에서 한발 더 나아가 자율적이고 주체적인, 그리하여 무엇에도 구애받지 않는 '자유인'으로 다시 서 나오자는 것이다. (그동안 내가 그러지 못했다는 것은 아니다. 그 전에도 나는 나답게 사는 삶을 추구해 왔다. 그런데도 60대 중반에 이르러 죽음에 대한 인식을 새롭게 하면서, 그 '자유=삶의 완성'에 대한 깨달음의 욕구가 강하게 일었던 것이다.)

그렇다면 이 인생대학의 슬로건을 무엇을 통해 실현할 것인가? 그것이 곧 내가 인생대학에서 주력해 공부할 교과목이 되겠는데, 나는 그것을 문학(시)과 평화로 잡았다. 그동안 40년 이상 써 온 시 세계에서 나만의 시적 성취(자유)를 이루고자 하였고, 일상에서의 평화를 실천해 참 자유인이 되고자 하였다.

이 글을 쓰는 올해 2024년에 나는 인생대학 졸업반이다. 따라서 이 글은 그렇게 5년 동안 공부하고 실천한 내 인생의 보고서이자, 인생대학 졸업반으로 스스로 정한 교칙에 따라 졸업을 하기 위해 쓰는 논문이다. 이 글에 담긴 구체적인 내용은 아래와 같다.

1. 불不모임에 대하여.
2. 청소년평화모임에 대하여.
3. 새로운 인식의 전환 – 선善의 세계에서 미美의 세계로.
4. 시의 변화 – '대중시'에 대하여.
5. 재난을 대하는 우리의 자세 – 코로나19 시대를 지나며.
6. 그 외 (저술) 활동.

7. 총괄평가와 전망.

II
실제 한 활동과 공부한 내용

1. 불不모임에 대하여

불不모임이란 내가 인생대학에 다니던 지난 5년 동안 유일하게 참여한 모임이다. 불不모임도 내가 만든 모임인데 처음엔 셋이 같이하다 최근 들어 한 명이 늘어 네 명이 같이 하고 있다. 나와 충남 계룡시에 살면서 역시 시를 쓰는 전인 시인과, 경기도 파주시에 살면서 작은숲출판사를 운영하는 강봉구 사장이 처음에 같이했다. 우린 매월 말 한 달에 한 번 만나 주로 산에 다니며 정해진 주제 없이 이야기를 나누었다. 주로 내가 사는 천안에서 모였는데, 천안이 거리상 계룡과 파주의 중간 쯤 되고, 특히 천안에 태조산(421m) 이 있어 산에 가기 좋아서였다. 모임이 지속되면서 파주에 있는 강봉구 사장은 거리가 멀어 차츰 빠지고(지금은 일 년에 두 번 봄 가을에만 결합한다.) 나와 전인 시인만 거의 빠짐없이 5년째 모임을 이어가고 있다.

그런데 왜 모임 명칭이 '불不모임'인가? 그것도 아니 불不자를 써서? 아랫글은 조선 시대 이덕무의 『천장관전서』 중 「선귤당농소」에 들어 있고, 박지원이 유금의 시집 『낭환집』 서문을 쓸 때 인용한 것이다.

蜣蜋 自愛滾丸 당랑 자애곤환
不羨驪龍之如意珠 불선여룡지여의주
驪龍 亦不以如意珠 여룡 역불이여의주
自矜驕而笑彼蜋丸 자긍교이소피랑환

말똥구리는 스스로 말똥을 사랑하여
여룡의 여의주를 부러워하지 않고
여룡 또한 그 여의주로
저 말똥구리의 말똥을 비웃지 않는다.

이 글에서 여의주와 말똥은 하나는 최상이요 하나는 최하다. 그런데 이덕무는 이 둘을 대비시켜 둘 사이 차별의 편견을 깨고 공생의 가치를 드러낸다. 다시 말해 말똥구리는 검은 용의 여의주를 부러워하지 않고, 검은 용은 여의주를 갖고 있다고 해서 말똥구리를 비웃지 않는다는 것이다. 이 말은 곧 누구나 각자 사는 삶이 다르고 또 그 삶의 가치도 다르니, 자기 삶에 최선을 다하면 그뿐, 남을 부러워할 일도 업신여길 일도 아니라는 것이다.

이 글에 보면 '불선不羨'과 '불소不笑'라는 말이 나온다. 부러워하지도 않고 비웃지도 않는다는 말이다. 불모임의 아니 불不자는 이 말에서 따왔다. 불모임을 함께 하는 사람들은 앞으로 그렇게 살자는 뜻이 담겨 있다.

그렇다면 어떤 사람이 불不모임에 같이 할 수 있는가? 성품이 사납지 않고 욕심이 적은 사람. 매사에 최선을 다하되 꼭 무엇을 이루려 하지 않는 사람. 건강과 수명과 정력을 타인과 비교하거나 그것을 위해 너무 덤비지 않는 사람. 작고 소박한 것을 귀하게 여기는 사람. 풍류의 멋을 아는 사람. 늘 공부(수행)하여 스스로 깊어지는 사람. 줏대가 있어 깐깐하되 맺힘이 없는 사람. 세속에서 벗어나 있되 세상 변화의 흐름을 놓치지 않는 사람. 바빠도 조급하지 않고 한가해도 게으르지 않은 사람. 한가함과 담백의 맛을 즐기는 사람. 형제의 피가 섞이지 않았어도 뜻과 정을 오래 같이 할 사람. 만나 함께하면 주위의 소음이 일시에 소거되어 그와의 이야기에 빠져들 수 있는 사람.

이런 사람이 불不모임에 같이 할 수 있는 사람이다. 그러나 그런 사람이 어디 있겠는가? 물론 없다. 다만 하나의 기준으로 앞으로 인생을 같이할 사람으로 제시했을 뿐이다.

우린 처음 불不모임에 들어올 사람을 선정할 때, 누군가가 추천하면 그 사람에 대해 만장일치 가결로 결정하기로 했다. 곧 모두가 수긍하는 사람을 회원으로 한다는 것이다. 그런데 우리 모임 기준에 맞는 사람이 어디 있겠는가? 신입 회원 없이 4년을 지내다 2023년 회원 한 명을 새로 맞아들였다.

2. 청소년평화모임에 대하여

'청소년평화모임'(청평모)은 이 글을 쓰는 2024년 현재 활동한 지 13년이 되었다. 그동안 많은 분들이 회원으로 함께했지만, 청평모에 대한 모임 취지나 운영 활동 등에 대해 구체적으로 이해를 같이하지 못했다. 그 전부터 언젠가 왜 '아동 청소년평화'인가에 대해 한번 정리해야겠다고 생각했지만 그럴 기회가 없었다. 하여 이 지면을 통해 그에 대한 이야기를 자세히 해 보겠다.

청소년평화모임은 2012년 3월 회보 1호를 발간하면서 활동을 시작했다. 그 전에 몇 개월의 준비 기간을 거치기도 했지만 정식 출발은 2012년 3월이다. 다음 이미지는 그때 발간한 청평모 회보 표지 사진이다.

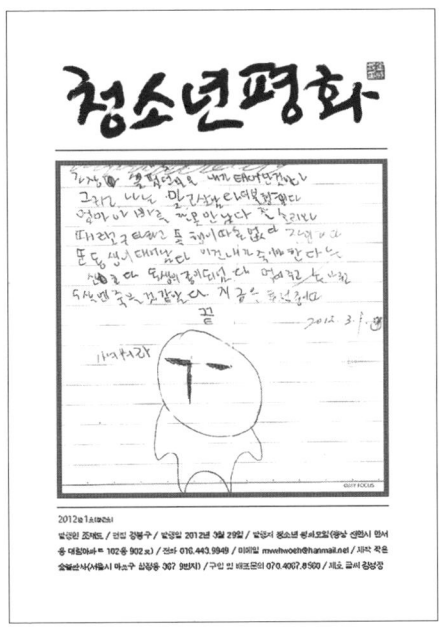

▲ 청평모 회보 1호 표지

1) 모임 결성 동기

나는 학교에 근무할 때 학생 글쓰기 교육을 계속해 왔다. 내가 수업에 들어가는 반에 중2 남학생이 있었다. 그 아이는 표정이 늘 어두웠다. 아니 어둡다는 말로는 부족하다. 가슴 속 진흙 덩어리 같은 짜증이 무럭무럭 쌓였는데, 그것을 밖으로 표출하지 못해서 오는 불만과, 누군가에 대한 처절한 원망, 열등감과 낮은 자존감, 이 모든 것이 한데 뒤엉킨 표정을 하고 있었다. 그 학생이 이런 글을 썼다.

"난 작년부터 가족 간의 갈등으로 인해 힘들어하고 있지만 겉으로는 드러내지 않는다. 작년에는 알 수 없는 일로 인해(알고 보니 어떤 사람이 고의적으로 만든 일) 큰 충격을 먹었다. 처음에는 그냥 부부 싸움이다 싶었지만 2번째는 그냥 말도 아니다. 아빠는 술 마시고 오더니 새벽 두 시 때 엄마 아빠는 밖에 나와서 싸우고 옆집에서 말려 봐도 안되고 엄마는 우리가 자고 있던 방으로 들어가 방문을 잠그고 장롱으로 문을 막았고 아빠는 밖에 있는 자전거랑 연장을 가지고 문을 부수고 있는데 할 수 없이 경찰도 부르고 우리가 먼저 다른 데로 가서 있다가 다시 온 경험도 있다. 지금 생각해보면 오싹하다. 그리고 지금은 엄마 아빠가 사이가 또 슬슬 안 좋아지기 시작하고 난 지금 아빠 땜에 골치다. 솔직히 나같이 학교를 아침 일찍 가서 밤늦게까지 공부하고 온 사람한테는 주말 땐 좀 놀게 해줘야 정상인데 집에서 책을 안 읽는다고 동생 들먹이며 나한테 뭐라고 한다. 내가 컴퓨터를 하려 하면 막 욕하고 평일에는 피로와 스트레스 때문에 주말

놀려고 하면 어떻게든 못 놀게 한다. 시험이 끝나면 몰라도 아마 더 힘들어질 것 같다. 그래도 작년에는 가족 간의 갈등이 너무 심해서 정신적 고통을 느꼈는데 올해도 그럴지 걱정된다. 만약 또 싸움이 일어나면 난 뭘 해야 하고 누구 편에 서야 할지도 모르겠고 갈등이다."

글쓰기를 해 보면 학생들은 가정폭력, 학교폭력, 성적으로 인한 중압감, 우울증, 내부가 깨진 데서 오는 여러 문제로 괴로워하고 있음을 알 수 있다. 교사라면 이 아이들을 외면할 수 없다. 아이들의 눈물이 짜기 때문이다.

글쓰기를 통해 교사와 학생 간 벽이 허물어진다. 벽은 엄밀히 말해 계급적 문화적 차이에서 오는 벽이다. 학생들은 대부분 기층 민중인 노동자 농민 빈민의 자녀이고, 교사는 노동자이면서 계층적으로 중산층(우리나라 중산층도 무너진 지 오래지만)에 속하기에, 교사와 학생 간에는 갑과 을의 벽이 있게 마련이다. 그런데 글쓰기는 이 같은 벽을 허물어 평소에 갑의 위치에 있는 교사가 학생의 글을 통해 인생을 배우는 기회를 가질 수 있다.

2) 왜 아동 청소년평화인가

학생의 글이나 그림을 보면 그들이 사회적 약자로서 이중 삼중의 질곡에 시달리고 있음을 알 수 있다. 학생을 괴롭히는 주된 요인에는 경쟁의식(공부), 가난, 가부장제 사회에서의 가정폭력, 성차별, 결손(부모 이혼) 등이 있다. 이는 우리 사회의 구조적인 문제가 여과 없이 학생 삶에 영향을 미치고 있음을 보여 준다.

학생들을 일상적으로 억누르고 고통받게 하는 것은 성적 경쟁의식과 가정의 유교적 군사문화다. 성적으로 인한 경쟁의식은 너무 잘 알려져 있어 여기서 새삼 언급할 필요가 없겠다. 유교적(가부장제와 성차별) 군사문화는 조선조 봉건시대의 지배이데올로기였던 충과 효 사상이 해방 이후 형성된 군사문화와 결합되어 우리의 일상을 지배한다.

분단 이후 우리 사회를 지배하는 절대 가치는 '국가 안보'이다. 국가 안보라는 절대 가치는 우리를 위협하는 '적'을 상정하게 되고, 그 적을 힘으로 정복해야 한다는 이원화 된 사유 체계를 갖도록 한다. 이원화 된 사유 체계는 자연을 공존이 아닌

착취의 대상으로 보게 하고, 사회적으로 여성과 어린이를 배제하는 남성 중심의 인식구조다. 군사문화는 전체주의 사고체계를 갖게 하며, 군사문화가 팽배한 사회일수록 개인의 자율성이 발휘되지 못한다.

전체주의 사고체계란 무엇인가? 그것이 곧 파시즘이다. 개인의 안위安危는 국가의 힘에 의해 결정되며, 국가의 존망은 군사력에 의해 결정된다는 것이다. 그러한 사유가 생활화되어 나타나는 것이 군사문화다. 군사문화가 만연한 사회일수록 남성은 보호자로서의 역할을 부여받는다. 남성은 군대에 감으로써 국가를 지키고, 결혼 후에는 가정을 지켜야 한다는 '가부장 의식'을 갖게 된다.

유교적 군사문화는 일상에서 개인의 자유를 위축시킨다. 여성과 어린이 청소년 같은 사회적 약자들이 희생되어도 어쩔 수 없다는 논리가 쉽게 정당화된다. 이런 사회에서 보호는 곧 '통제'를 의미한다. 남성은 보호자로 여성이나 아동 청소년을 쉽게 통제할 수 있다는 의식을 갖게 되고, 이는 가정에서 가정폭력, 남아선호, 성차별 같은 봉건의식을 강화한다. 지금은 사회가 다변화되어(여성의 경제활동 증가와 가정의 붕괴, 1인

▲ 조시원 그림, 갈 곳 없는 청소년

가구 증가 등) 이런 양상이 많이 줄었지만. 그러나 아직도 학생의 글과 그림을 보면 경쟁의식과 유교적 군사문화가 가정에 만연해 있음을 알 수 있다.

우리 사회에서 가장 보수적인 곳은 어디일까? 가정이다. 그리고 학교도 경찰이나 군대 조직 못지않게 보수적이다. 보수적이란 이른바 '꼰대'의 입김이 세다는 뜻이다. 그런 가정과 학교에서, 다시 말해 개인의 자유와 자율성이 제한되는 곳에서 생활하는 학생들의 처지가 평화로울 리 없다. 그리하여 성적 경쟁의 부추김, 아들딸 간의 성차별, 폭력적이고 반봉건적(장남, 제사, 그릇된 효 문화 등)인 가정에서 자라는 우리나라 아동 청소년은 갈 곳을 잃고 힘들어 하고 있다.

　이 같은 아동 청소년 실태는 다음과 같은 수치에서도 쉽게 확인할 수 있다. 청소년 자살률 OECD 회원 국가(35개국) 가운데 1위. 어린이 청소년 행복지수 OECD 국가 중 23위. 학업 중단 학생 증가(2022년 5만 2981명), 우울증과 ADHD 증가.

　통계 수치로 볼 때 이렇다는 것이지, 일반 학생들이 일상생활에서 겪는 스트레스와 고통은 훨씬 더 깊고 광범위하다 하겠다.

　낸시 벤뱅가가 쓴 『학대받는 아이에서 학대하는 어른으로』라는 책을 보면 폭력의 대물림에 대한 이야기가 구체적으로 나온다. 책 제목 그대로 학대 받으며 자란 아이는 나중에 커서 학대하는 어른이 되며, 그럴 확률이 그렇지 않을 확률보다 7배나 높다고 한다. 반면 어린 시절을 평화로운 분위기에서 자란 아이는 커서도 평화를 실현하는 어른으로 자라게 된다.

　아동과 청소년은 평화롭게 자랄 권리가 있다. 그 권리는 어떤 부모 어떤 교사 어떤 사회라 해서 침해할 수 없다. 어느 사회든 어른, 특히 가정의 부모나 학교의 교사는 아동과 청소년이 평화롭게 자라도록 애써야 한다. 어른인 우리는 그런 환경을 만들어주어야 한다. 어른인 부모나 교사가 경쟁의식에 사로잡혀 있고 유교적 군사문화에 젖어 있는 한, 어린이와 청소년이 평화를 체험하며 자라날 기회는 없다. 그리고 그렇게 자란 아이는 나중에 커서 폭력적인 어른이 되기 쉽다.

그래서 '청소년평화모임'인 것이다. 청소년평화모임은 아동과 청소년의 평화를 위해 애쓰는 어른들의 모임이다. 가정의 부모와 학교의 교사가 경쟁 심리에 사로잡혀 있는데, 남아선호, 성차별, 가정폭력, 그릇된 효 문화 같은 봉건적 군사문화에 사로잡혀 있는데, 그런 가정과 학교의 어린이와 청소년이 평화롭게 성장할 리 없다. 어린이 청소년평화에 뜻을 같이하는 사람들의 그물망을 짜보고자 하던 것이 바로 '청소년평화모임'이었다.

그럼 이제부터 아동기 그리고 청소년기가 한 인간의 발달단계에서 왜 중요한지, 그리고 왜 이 시기를 민주적이고 평화롭게 보내야 하는지에 대해 이야기하겠다.

3) 인생에서 아동기와 청소년기의 중요성

아동기나 청소년기를 생애 주기의 독자적 범주로 인식하게 된 것은 근대 이후의 일이다. 근대 이전에도 아동 청소년은 있었고 성인식이 거행되었지만, 기본적으로 그들은 어른들이 하는 생산 활동과 공동체 생활에서 배제되지 않았다. 그들은 성인이 되어가는 과정에 있는 '작은 어른'이었고, 그 과정은 단절되지 않고 연속적이었다. 생애 주기를 아동기 청소년기 성인기로 나누어 범주화 하기 시작한 것은 근대 자본주의화 과정에서이다.

자본주의가 발달함에 따라 농경사회를 바탕으로 한 이전의 생산양식은 변화되었고, 그로 인해 가정과 일터의 분리가 이루어졌다. 그리고 사회가 급격히 분화되면서 아동과 어른들의 생활권도 점차 분리되고, 그에 따라 미성년으로 범주화된 십대들이 자기 또래의 세상을 만들어가기 시작했다.

그들은 자신들이 기성세대의 엄격한 보호, 통제, 관리, 선도의 대상이 되는 것에 불만을 터뜨렸다. 급변하는 사회일수록 세대 간 공유하는 경험이 줄어들기 마련인데, 이러한 현상은 기성세대와 청소년 세대 간의 갈등을 낳았다.

인류사회에서 큰 역사적 격변을 몰고 온 것은 아무래도 사회주의 국가의 탄생이라 할 것이다. 1918년 러시아 혁명을 깃점으로 중국 북한 베트남 등 동남아시아권에서도 사회주의 정권이 뒤를 이었다. 교육은 다른 지배이데올로기와 함께 그 사회의 상부구조를 이룬다. 따라서 사회주의 국가에서는 그 체제에 맞는 새로운 교육 이론이 발전할 수밖에 없으며, 그리하여 한 인간을 사회(공산)주의적 품성을 지닌 인간으로 자라게 하는 것이 교육의 과제로 대두되었다. 그러한 흐름 속에 드러난 논쟁이 인간의 성품을 결정하는 데 유년기가 중요한가 청소년기가 중요한가 하는 문제이다.

이 논쟁에서 러시아와 북한의 입장이 대표적으로 다르다. 러시아는 인간을 공산주의 인간으로 개조하는 데 청소년기가 중요하다는 입장이었고, 이에 반해 북한은 유년기에 중점을 두어야 한다는 입장이었다. 이는 각국이 처한 여러 상황들, 예컨대 그 당시 당면한 정치와 경제 문제를 해결할 인간 육성을 목표로 한다는 점에 주장의 근거를 두고 있다.

여러분들은 어떻게 생각하는가? 한 인간의 인격(퍼스낼리티)이 형성되는데 청소년기가 중요한가 아니면 유년기가 중요한가? 이는 교육학자마다 지금도 주장하는 바가 다르며, 그에 대한 논쟁이 이어지고 있다.

나는 이 문제에 대해 전문적인 교육학자나 인간의 발달심리를 연구한 사람은 아니지만, 그동안 수십 년 간 학생들과 글쓰기를 해 온 교사로 이렇게 생각한다. 한 사람의 인격이 형성되는데 유년기는 집터와 같고, 청소년기는 그 집의 대들보와 같다고.

인간의 인격 형성에 유년기는 집터와 같다. 그 집이 어디에 세워지는가, 주변 풍광은 어떤가, 도시인가 시골인가 바닷가인가, 집 주변에 무엇이 있나, 따뜻한가 춥고 바람 부는 곳인가, 땅은 단단한가 등과 같은 것이 집터이다. 인간이 인격을 형성해 가는 데 유년기는 집터와 같다는 말이다. 집터가 정해지면 땅을 단단하게 다지고 그 위에 반석을 놓고 대들보를 세우는데 이때 세우는 대들보가 인간에게는 청소년기에 해당한다는 것이다. 따라서 인간의 인격이 형성되는데 유년기와 청소년기는 다 중요하며 (그렇지만 꼭 한 가지를 말하라면 나는 청소년기보다는 유년기를 들겠다), 다만 그 시기에 따라 해야 할 과제가 다르다는 것이다.

유년기에는 좋은 환경과 좋은 부모 이웃 친구들과 평화로운 분위기 속에서 행복하게 자라야 한다. 청소년기에는 인간이 살아가는 데 필요하고 중요한 가치의 주춧돌을 놓아야 한다. 이 시기 좋은 자아가 형성되어야 하며, 건강한 신체의 성장과 함께 사물을 분별하고 판단하는 인식이 가족과 이웃 친구를 바탕으로 지역과 사회 국가와 자연으로 확대 발전되어야 한다.

그러나 우리의 현실은 앞서 말한 대로 경쟁주의와 유교적 군사문화로 학생들은 고통스러운 질곡에 처해 있다. 다른 학생의 글 하나를 더 읽어 보자.

"나의 손은 좀 작다. 그리고 나의 손등은 거칠하다. 나는 엄마가 안 계시다. 그래서 아빠랑 살고 있다. 나는 첫째라서 힘든 일을 많이 한다. 특히 손으로 하는 일이 너무 많다. 설거지, 손빨래, 이런 걸 거의 매일 하다 보면 손에 주부습진이라는 게 걸린다. 나도 오른쪽 엄지손가락에 한번 났었다. 막 찢어지고 피도 났다. 그래서 이젠 안 되겠다 싶어서 아빠한테 자꾸 아프다고 얘기했다. 그랬더니 아빠가 그 뒤론 동생 진아한테 설거지를 시켰다. 그 대신 난 상을 치웠다. 참 편했다. 며칠이 지나니깐 거의 다 나았다. 하지만 지문까지 벗겨져서 보기 안 좋았다. 그리고 이젠 내가 다시 또 설거지를 한다. 그런데 진아에게도 손등 뼈 있는 데에

뭐가 났다. 그것도 주부습진 같았다. 그래서 쌀을 씻을 땐 둘이 번갈아 씻었는데 이젠 내가 다한다. 참 귀찮다. 진아도 아플 땐 나처럼 힘들고 귀찮았을 것 같다. 그리고 나는 내 손톱이 참 마음에 든다. 왜냐면 진아랑 인지는 손톱이 이상하다. 진아는 손톱이 아예 자라질 않는다. 하지만 난 아주 잘 자라고 아빠 손톱과 많이 닮았기 때문에 좋다. 그리고 내 손금은 너무 많다. 다른 사람들은 손금이 거의 3개로 나뉘어 있는데 나는 m자처럼 되어 있다. 내 동생들도 역시 그렇다. 내 친구 슬기는 내 손금을 보고 외계인 손이라고 했다. 그 정도로 내 손금이 이상하다."

이 글은 중학교 1학년 여학생이 쓴 글이다. 아이의 힘든 삶이 고스란히 묻어나는 글이다. 교사는 학생들에게 지식을 가르치지만, 학생의 삶을 통해 삶을 배우기도 한다. 가르치면서 배운다는 교학상장敎學相長이 이럴 때 가능하다. 학생들 처지를 이해하고 그들의 고통에 다가가고자 할 때, 교사는 지식인으로서 갖는 허위의식을 벗고 민중성을 갖게 된다.

나는 유년기와 청소년기를 행복하고 평화롭게 보낸 사람이 나중에 어른이 되어서도 전인적 인격을 갖춘 사람으로 성장한다고 믿는다. 다 그런 것은 아니겠지만, 각박하고 모진 환경에서 자란 사람보다 여유 있고 평화로운 분위기에서 사랑을 듬뿍 받고 자란 사람이 자아의 강도가 강하고 자부심이 높으며 자신과 세계를 긍정적으로 본다. 스트레스에 강하며 주위 사람을 편하게 하고, 그가 있는 주변의 분위기를 따뜻하게 한다.

유년기와 청소년기에 사랑, 우정, 평화, 민주, 봉사, 배려, 희생과 같은, 비록 질적으로 높은 삶의 가치를 잠시라도 체험하면, 이후 그 사람의 인격 형성에 아주 중요한 역할을 하게 된다. 우리나라 학생들의 내면 세계를 더 이해하고 싶다면 다음 책을 읽어도 좋을 것이다.

- 『눈물은 내 친구』, 조재도 엮음, 작은숲 간, 중학생 글모음집.
- 『36.4°C』, 배창환 조재도 엮음, 작은숲 간, 중고생들이 쓴 시 모음집.
- 『자물쇠가 철컥 열리는 순간』, 조재도, 창비교육, 청소년시집.

4) 청소년기 자아는 어떻게 형성되고, 그 자아는 인생에 어떤 영향을 미치나

그렇다면 청소년기 자아는 어떻게 형성되나? 그리고 그 자아가 인생에 어떤 영향을 미치나? 나는 이에 대한 공부를 인생대학 훨씬 이전부터 해 왔다. 청소년기에 자아가 형성된다고 하는데, 구체적으로 어떤 경로를 거쳐 형성되는지, 그리고 그 자아가 인생에 어떤 영향을 미치는지에 대해 많은 책을 읽어도 제대로 된 내용이 없었다. 결국 학생들이 쓴 글을 바탕으로 스스로 공부하여 알게 된 것이 다음과 같은 것이다.

'자아(self)'는 원래 서구적인 개념이다. 동양에도 나 '아我'에 대한 인식이 있지만 서양처럼 독자적으로 도드라져 있지는 않다. 앞서 말한 대로 근대 자본주의가 태동하고 발전하면서 인간의 생애 발달주기 가운데 유년기와 청소년기가 분화되어 나오면서 이런 자아 개념도 싹트게 되었다.

자아란 한 마디로 자기 자신을 의식하는 것이다. 그런데 이 자신에 대한 의식은 타인을 통해 이루어진다. 다시 말해 뇌의 성장으로 의식이 발달하면서 '남과 다른 나'를 발견하는 것이다. 자아는 인식, 의욕, 행동의 주체가 자신을 타인이나 외계外界와 구별하는 것을 말한다. 그러니까 자아란 자기 자신에 대한 의식이나 관념 곧 다른 사람과 다른 '나'의 생각이나 느낌 감정 의견 태도 등을 말한다. 이렇게 '나'가 타인이나 외계와 다름을 느끼고 깨닫는 것을 자아의식 자의식이라고 하며, 그러한 의식이 형성되는 것이 자아 형성이고, 자아 형성은 일반적으로 청소년기에 이루어진다. 자아가 형성되면서 인간은 타인과 주변 사물에 대한 자기만의 견해를 갖게 된다.

① 학생, 십대, 청소년, 사춘기

의미가 서로 비슷하면서도 쓰임새가 다른 말 가운데 '학생, 십대, 청소년, 사춘기'라는 말이 있다. 각각의 말이 쓰이는 범주나 그 말이 형성된 사회적 배경을 보면 그 말 사이 분명한 차별성을 발견할 수 있다. '학생, 십대, 사춘기'라는 말이 사람이 처한 신분이나 자연적 혹은 생리적 현상을 나타내는 비역사적인 말이라면, '청소년'이라는 말은 아동→ 청소년→ 성인 같이 인간이 태어나 성장해 가는 생애의 독자적 범주를 일컬음과 아울러, 자본주의 발달 과정에서 생겨난 계층적이면서도 역사적인 말이다. 그리고 '신세대' 또는 'X세대, MZ세대'라는 말도 있지만 이는 책임보다는 자유와 개성을 강조하고 이성보다는 감성을 중시하여 기성세대와의 차이를 의도적으로 부각시키기 위해 만들어진 말로 보인다.

그래서인지 몰라도 오늘날 '청소년'이라는 말이 같은 범주의 말 가운데 가장 보편성을 얻어가고 있으며, 다른 영역을 가리키는 말, 예컨대 청소년 문학, 청소년 문화 등과도 자연스럽게 결합하여 쓰이고 있다.

그렇다면 우리나라 청소년들이 올바른 자아를 형성하는 데 겪는 가장 큰 문제는 무엇일까? 그것은 아마도 앞서 말한 성적 경쟁의식과 가정에까지 만연한 유교적 군사문화, 그리고 대학입시라는 족쇄에 매여 자아 형성에 필요한 여러 활동(예컨대 독서 토론 영화, 여행 같은 다양한 체험적 문화활동)을 하지 못하는 데 있다 하겠다. 일부 청소년들은 기성세대나 획일적인 학교 문화에 대한 반발과 부적응으로 자퇴나 자살 약물 흡입 폭력과 같은 파괴적 저항을 하기도 한다. 그러나 대부분 청소년들은 하루 12시간 이상을 학교와 학원에 붙들려 있어, 학생으로서의 권리도 자아발견의 기회도 갖지 못하는 실정이다. 이러한 비극적 현실에 대해 비판은 할 수 있되 비난하기 어려운 게 우리들의 솔직한 현실이다. 그리고 비판을 한다고 해도 내내 동어반복이 되기 쉽고, 또 어떤 대안을 내놓는다 해도 다른 문제와 얽히고설켜, 최소한 어린이 청소년 문제 교육 문제에 있어서만은 쉽사리 해결책을 찾기 어려운 지경이다.

이렇게 볼 때 상황은 다소 비극적이다. 그러나 그렇다고 하여 학교 현장에 틈이 전혀 없는 것은 아니다. 답답할 정도로 미미하고 더디긴 하지만 학교 안에서도 의미 있는 활동을 할 수 있는 기회가 주어지고 있다. 이는 사회변화에 따른 교육과정의 변화 등 제도적으로 뒷받침되기도 하고, 뜻있는 교사들에 의해 학내 활동(예컨대 글쓰기, 독서, 토론, 현장 체험학습, 연극, 다양한 동아리 활동 등) 영역이 점점 더 넓어지고 있다.

② 자아상

자아형성의 과정에서 나(자아)와 초자아 사이에는 끝없는 대화가 이루어진다. 그것은 자기 안에서 들려오는 소리, 이른바 '마음의 소리' 형태로 이루어진다. 자아와 초자아는 서로를 비난하기도 하고 북돋아 주기도 하며 얼싸안고 울기도 하다가 냉정히 뿌리치며 흩어지기도 한다.

자아의식이 형성되면 자신에 대한 자아상을 갖게 된다. 자아상이란 사람이 제각기 자기 자신에 대해 그렇다고 여기는 상像, 곧 자기 모습이다. 자기 외모에 대해 자기가 알고 있는 것처럼, '이러이러할 때 나는 비로소 나답다'라고 느끼는 게 바로 자아상이다. 자아상은 시간의 흐름 속에 여러 일을 경험하고 감정의 변화 과정을 겪으면서 자기 내부에 점점 굳어지는 이미지로 축적된다. 다음 학생 글을 보도록 하자.

글 ① 감시당하는 일기장

오늘 아빠가 몸이 조금 편찮아서 집에서 쉬고 계셨다.
내가 학교에서 돌아와 보니 아빠가 내 일기장을 보고 계셨다. 정말 기분이 나빴다. 그래서 내 자존심이 무척 상했다. 아무리 아빠라지만 딸의 일기장을 몰래 훔쳐보는 아빠가 얄미웠다. 내가 아빠께 투정을 부렸더니,
"아니 순희야. 이게 감히 어디에다 대고 투정을 부려? 아빠가 니 일기장을 몰래 봤기로서니 그렇게 해도 되는 거야? 아빠는 니 잘하고 있는지 걱정이 되어서 캤다. 니가 똑바로 행동을 하고 다니는지 알아볼려고 했다. 이 아빠가 딸에게 관심주는 것이 어디 잘못되었는 거가, 응?" 하며 소리를 꽥 지르시고 인상을 찌그리시며 화를 내셨다.
<u>나는 아무리 아빠 딸이지만 딸을 무시하는 행동을 할 수 없다고 생각한다. 어떻게 자기 딸이 나쁜 행동을 한다고 생각하며 일기장을 훔쳐 보실까.</u> (이하 생략, 6학년 여)

글 ② 일기

아버지는 내가 일기 쓰는 것을 보고 어디 한번 보자고 말씀하셨다. 나는 응하지 않았다.
　제목을 쓰는데 또 말씀하셔서 할 수 없이 아버지한테 지고 말았다. 보여주는 대신에 조건 두 가지를 내세웠다. 아버지를 흉봐도 용서해줄 것, 어머니한테 호통치지 않을 것, 이렇게 두 가지 조건이다. 아버지가 지키겠다고 해서 보여주었다. 중간쯤에서 와서 또 두 가지 조건을 지켜야 된다고 또 말했다. 그 다음 중간에도 이 두 가지 조건을 지켜야 된다고 다시 한번 주었다. 이렇게 충고를 줄 때마다 아버지는 웃으셨다. 다 읽고 나자 또 빙그레 웃으며 큰방으로 가셨다. (3학년, 남)
　- 이상 이호철 선생님의 『학대받는 아이들』 27, 29에서 인용

　인용한 두 글에서 우리가 주의해야 할 것은 글 쓴 학생의 나이이다. 글 ①은 6학년 여자아이가 글 ②는 3학년 남자아이가 썼다. 하나는 열 살 하나는 열세 살, 세 살 차이가 난다. 두 아이 모두 아버지가 일기를 본 일을 글의 소재로 하고 있다. 그런데 두 아이의 아버지에 대한 태도는 사뭇 다르다. 글 ①은 일기를 본 아버지의 선의(?)를 이해하면서도 그 행위를 용납하지 않

는다. 반면에 글 ②는 내키지 않지만 조건을 내걸고, 그 조건이 지켜지지 않을까 봐 조바심내면서, 그러나 결국 아버지에게 일기를 보여 준다.

여기서 우리가 주목할 것은 글 ①에서 아버지의 행위를 용납하지 않았다는 것은 그러한 행위를 용납하는 '자기 자신'을 용납하지 않았음을 뜻한다. 다시 말해 글 ①에는 일기를 보는 아버지를 용납할 수 없는 자기 자신(자아)이 이미 확고히 서 있는 반면, 글 ②에는 그러한 자신이 아직 형성되어 있지 않다. 세 살 나이 차이인데도 같은 일에 대한 판단과 태도가 이렇게 차이가 난다.

어떤 일에 대한 자신의 견해나 감정을 분명히 갖는 것은 자아가 형성된 이후에 가능하다. 글 ①의 밑줄과 같은 견해는 글을 쓴 아이의 자아에서 비롯된 결과이며, 그런 견해나 감정을 갖는 것이 자연스런 자기 모습이라고 생각하는 것, 그것이 바로 자아상 곧 자기다움이다.

예전에 학교에서 학생 글쓰기를 할 때, 학생들의 글을 읽고 분석한 결과 내가 확인할 수 있었던 것은, 12~13세(초등학교 5, 6학년)에 아이들의 자아(의식)가 이미 형성되어 있다는 것이다. (자아의식이 어떻게 형성되는가에 대해서는 곧이어 다룰 것이다.)

③ 자아정체성

사람은 누구나 자아가 형성되면서 자아정체성을 갖는다. 자아정체성이란 한 개인이 어떤 생활을 하든 또 어디에 있든 그런 외적인 조건과 상관없이 자기 자신에 대한 연속성과 일관성을 확보해주는 존재적 구조이다. 어려운 말이 되었는데, 쉽게 말해 자아정체성이란 '나다움'이 어느 때 어느 곳에서든 변하지 않고 유지되는 것이다. 자아정체성의 혼란과 위기는 삶의 연속성이 단절되었을 때, 삶에 대한 의미 상실, 삶에 대한 통합적 인식이 흐트러질 때 찾아온다. 그리고 그 시기는 청소년기와 인생의 위기라는 중년기(4~50대)에 심화되어 나타날 수 있다.

10대가 되어서야 자아정체성이 확립될 수 있음을 밝혀낸 사람은 스위스의 심리학자 장 삐아제(Jean Piaget)이다. 그는 청소년기에 들어서야 사람은 신체(뇌)의 발달로 명제적 사고를 할 수 있는 '형식적 조작'이 가능하다고 보았다. 명제적 사고란 현상보다는 추론, 즉 가능성을 다룰 수 있는 사고를 말한다. 예를 들어 아동에게 "연탄이 하얗다라고 가정해 보자"라고 말하면, 아동은 그 가정을 받아들이지 못해 "연탄은 까만데요"라고 이의를 제기하지만, (뇌 특히 전두엽의 발달로) 명제적 사고가 가능한 청소년들은 사실과 모순된 가정을 사실과 상관없이 추론할 수 있는 능력이 있다는 것이다.

피아제는 이러한 명제적 사고를 할 수 있는 능력을 '형식적 조작'이라고 하였고, 이 조작 능력에 의해 청소년들은 현재를 뛰어넘어 역사적 시간과 천체 공간을 이해하고, 철학 수학 미적분학과 같은 추상적 문제를 파악하며, 직유 은유 풍자 같은 비유를 바르게 인식할 수 있는 것으로 보았다.

형식적 조작 능력은 청소년들로 하여금 현실에 매이지 않는 어떤 가능성을 지향하게 하고, 이상적이고 완전한 세계를 그리게 한다. 처음으로 그들은 평화와 조화의 세계, 완전한 학교, 바람직한 가정의 모습을 상상하기도 하고, 그런 이상과 배치되는 현실 세계에 깊이 절망하기도 한다. 글 ①에 나타난 부모에 대한 비판적 태도도 새로운 지적 능력(자아)의 형성으로 인한 실제 부모와 대비되는 이상적 부모를 상상할 수 있는 아이의 능력에서 나온 것으로 볼 수 있다.

자, 그러면 이러한 형식적 조작기에 있는 청소년들의 자아는 어떻게 형성되는지 알아보자.

5) 통합자아와 대치자아

청소년기를 지나면서 인간은 두 가지 성장의 길을 걷게 된다. 그것은 어떤 자아의식과 정체감을 형성하느냐 하는 문제인데, 이에 대해 D 엘킨드(Elkind)는 『다 컸지만 갈 곳 없는 청소년』이라는 책에서 다음과 같이 말하고 있다.

"개인의 정체감은 두 가지 중 한 방법으로 형성된다. 두 가지 방법이란 ▪ 분화(변별 혹은 분리 과정)와 고차적 통합(또는 단순 통합)에 의한 방법과 ▪ 대치에 의한 방법이다."(앞의 책 p18)

청소년기에 형성되는 자아로 통합자아와 대치자아가 있는데, 이 시기 어떤 자아가 형성되느냐에 따라 그 사람의 이후의 삶에 영향을 미친다는 것이다. 그럼 먼저 통합에 의한 자아 형성을 보자.

① 통합에 의한 자아 형성

"통합자아가 형성되기 위해서는 갈등을 겪으며, 그 갈등을 해결하기 위해 시간이 필요하며, 그 과정이 힘이 든다. '예를 들어 아동이 정방형의 개념을 획득하려면 먼저 다양한 형태의 모양을 경험해야만, 원형이나 다각형으로부터 정방형을 식별해낼 수 있다. 게다가 아동은 상자나 주사위 각설탕 블록과 같은 다양한 정방형 물체를 접해 보아야만 다른 형태로부터 정방형을 변별해낼 수 있다. 그리고 크기나 색깔 특징과 관계없이 모든 정방형 물체를 같은 개념으로 통합할 수 있는 고차적인 개념을 터득하게 된다."(앞의 책 p19)

이러한 원리는 인간의 자아형성에도 적용된다. 일관성 있는 자아의식(통합자아)이 형성되기 위해서 인간은 자신의 느낌이나 사고 신념이 다른 사람과 '어떻게 다른지'를 발견할 수 있는 다양한 경험을 해야 한다. 이와 동시에 인간은 또 다른 사람과 얼마나 같은 '공통점을 갖고 있는지'도 알 필요가 있다. 다른 사람과의 공통점과 차이점에 의해서 인간은 자기 자신을 다른 사람으로부터 변별해내는 점진적 과정의 결과로 우리는 점차 자기 자신에 대한 안정되고 독특한 지각을 갖게 된다.

통합에 의한 자아는 여러 가지 같은 점과 다른 점을 경험하면서 형성된 자아로, 그러기 위해서는 갈등을 겪으며, 또 그 갈등이 자기 안에서 해결되기 위한 시간이 필요하다는 것이다. 자기 존재의 내부에서 서로 다름에 대한 갈등을 겪고, 시간이 걸리더라도 그것을 스스로의 인식 능력으로 깨달아야 하기에 힘이 든다. 통합자아는 그런 과정을 거치면서 형성된다. 그에 비해 대치자아는 그렇지 않다.

② 대치에 의한 자아형성

대치에 의한 자아형성은 다음과 같은 예로 설명할 수 있겠다.

"다이얼을 여러 번 돌려서 전화를 거는 방식에서 단추를 눌러서 전화하는 방식으로의 변화를 생각해 보자. 번호를 눌러서 전화를 걸기 위해서는 다이얼을 돌려서 전화 거는 방식을 굳이 배울 필요가 없다. 두 방식은 결과는 같지만 다이얼식이 버튼식을 알기 위해서 꼭 필요한 것은 아니다. 두 방법은 서로 독립적이며 각자 병존한다. (~) 하나의 원리로 통합되지 못한 채 하나하나가 따로 존재하는 이러한 유형은 다른 사람으로부터 모방한 느낌 사고 신념을 단순히 첨가하여 이것저것 끼워 맞춘 자아와 같다.

이러한 방법으로 자아가 형성된 사람은 자기 존재의 깊숙한 내면과 접촉하지 못한다. 대치에 의해 형성된 자아를 가진 청소년들은 자신의 자아를 명확히 알지 못하기 때문에 다른 사람들에 의해 쉽게 영향을 받거나 동요된다. 또 그들은 새로운 사태가 언제나 새로운 도전이 되기 때문에 통합된 자아의식을 형성한 10대들보다 스트레스에 더 취약하다. 끼워 맞춘 자아를 지닌 10대들은 과거의 경험에 의해 새로운 상황을 처리할 수 있는 일관되고 안정된 자아를 발달시키지 못한다."(앞의 책 p20)

대치자아는 한마디로 외부로부터 주어진 느낌이나 사고 신념을 단순히 첨가하여 이것저것 끼워 맞춘 자아와 같다는 것이다. 통합자아처럼 어떤 갈등 해결에 시간이 걸리기는 하지만 '자기 힘'으로 그 갈등을 해결하고 통합해 가는 과정을 거친 자아가 아니라, 외부에서 주어진 느낌이나 사고 신념으로 끼워 맞춰진 자아라는 것이다.

속도와 덧없음, 가벼움을 특징으로 하는 현대사회와 주입식 교육과 획일적인 학교문화는 청소년들에게 끼워 맞춰진 자아의 발달을 조장함으로써, 그들을 스트레스에 더욱 취약하게 하고, 그들의 인격과 개성이 전면적으로 발달할 수 있는 기회를 갖지 못하게 하고 있다.

통합자아를 형성한 사람은 일상생활의 즐거움과 가족 일 오락 활동에서 기쁨을 느낄 수 있다. 자신과 사회에 도움이 될 수 있는 일련의 가치 태도 습관을 전체적으로 통합하였기 때문에, 그가 무슨 일을 하든 개인적 고통과 에너지를 최소화하면서 스트레스에 잘 대처한다. 그에 반해 대치에 의해 형성된 자아를 갖는 사람은 자신과 타인 사이 마치 어떤 일을 게임 하듯이 하며, 게다가 그들은 타인의 요구에 응하든 아니면 맞서든 늘 자책감을 느끼게 되어 자존감이 약하다. 그들은 대체로 동조 경쟁 불안 자책 분노 공포와 같은 상황에 쉽게 사로잡히고, 그것들을 위한 성취나 해소에 자신의 에너지를 허비한다. 한 인간이 일생 동안 쓸 수 있는 에너지는 한정되어 있는데, 통합자아가 형성된 사람은 삶의 기쁨과 긍정을 위해 자기 에너지를 쓰는 반면, 대치자아를 형성한 사람은 늘 자존감이 낮은 상태에서 삶의 부정적인 면을 위한 일에 에너지를 허비하게 된다.

청소년기 통합에 의한 자아 형성은 독서, 토론, 영화감상, 여행 등 다양한 체험을 통해 형성된다. 나와 다름을 확인하고 또 나와 같은 점이 무엇인가를 확인하는 과정을 통해 통합자아가 형성된다. 그에 반해 대치자아는 부모나 교사에 의해 주입되는 외부 가치에 의해 형성된다. 정답이 이미 어른에 의해 마련되어 있어, 스스로 어떤 문제에 대해 갈등하고 통합해낼 필요가 없다. 그러다 보니 자기 의견이나 사고 신념 없이 시키는 대로 하면 된다.

나는 통합자아와 대치자아를 유리창에 비유한다. 통합자아는 통유리로 된 유리창 같은 자아이다. 반면에 대치자아는 금이 간 유리창 같은 자아이다. 태풍(스트레스)이 몰아치면 통유리로 된 유리창은 몰아치는 비바람에 잘 견딘다. 그러나 금이 간 유리창은 견디지 못하고 와장창 깨져 버린다. 인생을 살다 보면 긍정적으로 늘 여유와 따뜻함을 잃지 않고 스트레스를 잘 견디는 사람이 있고, 그렇지 못한 사람이 있지 않은가?

자, 이제 청소년기가 왜 중요한지, 청소년기를 어떻게 보내야 하는지, 그리고 그를 위해 어른(가정과 학교, 사회)이 무엇을 해야 하는지가 자명해졌다. 좋은 직업이나 부 특출한 재능 명예 등 이른바 세속적 가치들이 인간 행복의 조건이 되기는 하겠지만, 그 자체가 절대적인 것은 아니다. 궁극적으로 인간의 삶이 행복하기 위해서는 '행복을 느낄 수 있는 힘'이 있어야 하고, 그 힘은 청소년기에 형성되는 자아가 어떻게 형성되느냐에 달려 있는 것이다.

6) 청소년평화모임은 어떤 모임이며 무슨 일을 했나

① 어떤 모임인가

청소년평화모임은 바로 청소년들이 통합자아를 형성할 수 있도록 가정이나 학교에서 그 여건을 마련해주자는 취지에서 모인 어른들의 모임이다. 부모나 교사가 경쟁의식과 유교적 군사문화에 젖어 있는데, 그 가정의 그 교실의 아이들이 평화로울 리 없다. 부모나 교사가 폭력적이고 비민주적이고 분노를 다스리지 못하는데, 그와 함께 있는 아이들이 통합자아를 형성할 수 없다. 어른이 먼저 평화로워야 그와 함께 하는 아이들이 평화로울 수 있고 그런 가운데 통합자아도 형성될 수 있다. 청소년평화모임은 그런 평화의 그물망을 '나부터' 실현하고자 하는 모임이다.

- 모임의 성격

청평모를 결성하면서 제일 먼저 고민한 것이 모임의 성격이었다. 보통 어떤 모임, 조직을 만들 때 안내문을 돌리고, 전화하고, 사람을 찾아가 만나고, 그런 다음 날짜를 잡아 창립대회를 열고, 회칙을 통과시키고, 회장 부회장 사무국장 같은 임원을 선출한다.

나는 청평모는 그래서는 안 된다고 생각했다. 그런 일반적인 방식을 관성적으로 되풀이해서는 안 된다고 생각했다. 1980~90년대 같았으면 나도 그렇게 했을 것이다. 그러나 청평모를 준비할 당시(2012년)에는 달라진 사회변화에 맞는 모임이 되어야 한다고 생각했다.

그렇다면 과거에 비해 오늘날 우리 사회에 가장 달라진 변화는 무엇일까? 과거엔 모임이나 조직이 거의 삼각형 구조였다. 맨 위에 회장과 부회장이 있고 사무국이 있고, 그 밑에 각 부서가 있고 각 분과별 위원회와 지역 조직이 있었다. 회장과 임원들이 모임을 이끌어나가는 구조였다. 다시 말해 '스펙타클' 구조였다. 위에서 아래를 내려다보는 수직적 권위적 구조였다.

나는 이 같은 예전 모임의 구조로는 곤란하다고 생각했다. 왜냐면 가장 중요한 회원의 자주성이 보장되지 않을 뿐더러, 시간이 지나면서 앞에서 일하는 소수 활동가들이 지쳐 나가떨어지는 것을 여러 번 보았기 때문이다.

고민과 탐색을 거듭한 끝에 생각한 것이 '리좀Rhizome'이었다. 리좀은 들뢰즈와 가타리의 공저인『천 개의 고원』에 나오는 말로, 줄기나 뿌리로 뻗어가는 줄기식물을 말한다.

　인간이 관계를 맺는 방식에는 리좀 형과 수목樹木 형이 있다. 리좀 형은 수평적으로 수목 형은 수직적으로 관계를 맺어 간다. 앞서 말한 1980~90년대 여러 모임이나 조직의 구조는 대부분 수목 형이다. 리좀 형이 모임 내 회원 간 관계 맺는 방식이 더 자유롭고 수목 형은 그렇지 못하다.

　청평모 모임을 결성할 당시 나는 우리 사회 시민의식이 그 동안 수직적(권위적) 구조에서 수평적 구조로 바뀌었다고 보았다. 그동안 있었던 1980~90년대 민주화 투쟁, 사회주의권 변화, IMF 사태, 컴퓨터와 인터넷의 대중적 보급 등으로 우리 사회 대중의 개인의식이 확대되었다고 보았다. 그렇다면 청평모 모임도 그에 걸맞는 성격으로 결성되어야 한다고 생각했다. 다시 말해 줄기식물, 예컨대 담쟁이덩굴이 뻗어나가듯 청평모도 리좀 형이 되어야 한다고 생각했다.

　따라서 청평모에는 회칙이나, 임원, 집행부가 없다. 정해진 정기모임도 없다. 그야말로 철저히 리좀 형이다. 다만 최소한 일이 돌아가게 하기 위해 누군가 실무를 맡아야 하는데, 그 일을 내가 하기로 한 것이다.

'어린이와 청소년이 평화롭기 위해서는 어른이 먼저 평화로 워야 한다'는 모임 결성 취지에 공감하며, 각자 처한 상황에서 자신이 할 수 있는 '작은 평화'를 실천하는 사람이라면, 그리고 월 회비 1만 원을 납부하는 사람이라면 누구나 회원이 될 수 있다. 그리고 회비를 납부한 회원에게는 일 년에 5회 발간하는 회보와, 청소년과 평화에 관한 책을 주로 출판하는 작은숲 출판사에서 발간하는 도서를 무료로 드린다. 또 모임이 마음에 안 들어 탈퇴하고 싶으면 회비 납부를 중지하면 된다.

이것이 청평모의 모든 것이다. 그러니까 회원 한 명 한 명이 청소년평화모임라는 줄기식물의 뿌리가 되는 것이다. 마치 담쟁이덩굴이 줄기를 뻗어가며 닿는 곳마다 뿌리를 내리듯, 회원이 있는 곳이 작은 평화를 실천하는 청평모의 뿌리라는 것이다. 충남 천안에 있는 회원은 그곳에서 자기 나름대로 평화의 뿌리를 내리고, 강원도나 제주, 전남 해남에 있는 회원은 또 그곳에서 자기 식대로 평화를 실천하면 된다. 지역별로 원한다면 모임을 할 수도 있고 안 해도 된다. 정해진 어떤 규칙도 모임도 없다. 본인의 자발적 실천이 중요할 뿐이다.

최대한 규칙(제약)을 두지 않은 자유로운 모임. 어떤 틀에도 매이지 않고 물처럼 부드럽게 흐르는 모임. 없는 듯하면서 있는 모임. 회비를 내는 이상 그 혜택이 회원들에게 곧바로 돌아가는 모임. 우리가 하려는 일을 우리의 회비와 힘으로 하는 모임. 그래서 빚 안 지는 모임. 오래 일해도 실무자가 지쳐 나가떨어지지 않는 모임. 회원 스스로 어린이 청소년 평화라는 대의를 위해 자기 형편에 맞게 실천하는 모임.

모임의 성격이 이렇게 결정되자 나머지는 쉽게 풀렸다. 나는 2012년 3월 '청소년평화'라는 회보 창간호를 발간하면서 활동을 시작했다. 나는 처음 모임을 시작할 때 최소 회원을 30명, 최대 회원을 백 명으로 잡았다. 최소 30명은 되어야 모임의 꼴을 갖추겠다는 생각에서였고, 백 명이 넘으면 혼자 실무 일을 감당하기 어려워 일 자체가 스트레스가 되겠다는 생각에서였다. 그렇게 모임을 시작한 지 만 13년이 되었다. 회원은 점점 늘어 110명까지 되었다가 시간이 지나 현직에 있던 교사들이 퇴직하면서 탈퇴해 지금은 70여 명으로 줄었다.

② 그동안 무슨 일을 했나

그동안 청소년평화모임에서 한 일은 다음과 같다. 지금은 그 일이 회보 발간을 제외하고 거의 중단되었지만, 기록으로 남겨두는 차원에서 정리한다.

■ 회보 발간

회보는 년 5회 발간하였다. 2012년 3월 창간호부터 지금까지 모두 68호를 발간하였다. 회원 글을 받아 싣고 있는데, 원고료는 없고, 추석과 설 때 조그만 선물로 고료를 대신한다. 창간호부터 60호까지는 '청소년평화'라는 이름으로 발간되었고, 2024년 3월에 발간된 61호부터 '함께평화'라는 이름으로 발간되었다. 그리된 사정은 회원의 대다수였던 교사들이 나이가 들어 퇴직하면서 모임을 탈퇴해, 모임 명칭이 '청소년'에서 '함께평화모임'으로 바뀐 데 있다.

■ 징검다리 책 나눔 사업

이 일은 지금은 하지 않지만 모임 결성 초기 일의 의미가 소중하여 열심히 했던 사업이다.

사람은 누군가의 배려에 의해 힘은 얻는다. 따뜻한 눈길, 용기를 주는 말 한마디, 부드러운 손길, 칭찬과 격려는 마음에 상처를 입은 사람에게 힘을 주고, 자신이 처한 상황을 극복하게 한다. 특히 청소년이 그러하다. 청소년은 절망도 쉽게 하지만,

그 절망을 이겨내는 힘도 어른 못지않게 내부에 갖고 있다. 어려움에 처했을 때 누군가의 이해와 도움 배려를 만나면 청소년들은 절망의 강을 쉽게 건널 수 있다. 그런 시간을 나는 '퀄리티 타임Quality Time'이라고 하는데, 사람이 살아가면서 질적으로 삶이 변화하는 시간을 말한다. 청소년에게는 이 시간이 중요하다. 퀄리티 타임을 한 번 경험한 사람은 평생 그 같은 삶의 질적인 체험을 다시 느끼기 위해 노력한다. 예를 들어 어려서 평화로운 분위기를 경험했으면 커서도 그런 분위기를 잊지 못해 그리워하고 또 그렇게 되도록 노력한다는 것이다. 나는 그런 계기(시간)를 통해 자기 삶과 사회에 선善한 기운이 확산되고, 그리하여 우주의 기운이 맑아진다고 생각한다. 징검다리 책 나눔 사업도 그런 의미에서 했던 일이다.

징검다리 책 나눔 사업은 평소 우리가 생활하면서 보았던, 어려움에 처해 있거나, 친해지고 싶은 학생이나 주위 사람에게 책을 선물하여, 배려와 평화의 기운을 느끼게 하는 일이다. 청평모 회원이라면 누구든 왜 책이 필요한지 간략한 사연을 적어 청평모에 보내면, 신청한 부수만큼 책을 무료로 보내드린다. (이때 나는 이 일의 취지에 공감하는 여러 출판사로부터 책을 기증받아 나누어 주었는데, 많을 때는 3~400권 이상 되

▲ 징검다리 책 나눔 사업을 위해 여러 출판사에서 기증해온 책.

었다.) 그러면 그 책을 받아 따뜻한 말 한마디와 함께 책을 선물하여 서로의 관계를 새롭게 맺을 수 있다.

■ 청소년평화학교

'태조산청소년평화학교'란 내가 살고 있는 천안에 있는 태조산에서 했던 평화학교를 말한다. 년 2회, 여름과 겨울방학 때 열었다. 이 일도 초창기 약 5년 정도 했는데, 매회 천안에 거주하는 중고생 10여 명과 진행에 도움을 주는 회원 교사들이 참여했다. 프로그램은 자기소개에 이어 명상의 시간도 갖고, 맨발로 산길 걷기 등 자연 체험을 했다. 평화학교를 하면서 바란 것은 학교와 학원 생활에 찌들린 학생들이 잠시라도 산

◀ 천안 태조산 평화학교 참가자들이 산길을 걷고 있다.

에서 대자연의 기운을 느끼며 '평화 분위기'를 맛볼 수 있는 그런 시간을 가졌으면 하는 거였다.

〈천안 태조산 평화학교〉

 "나는 소수의 사람들이 하는 행동을 좋아한다. 오늘 인원이 4명인 것이 정말 좋았다. 처음 산에 올라가는 것은 힘들었지만 명상도 하고 맨발로 산길을 걸어 보고 좋은 경험이었다. 친한 친구인 희진이와 같이해서 좋았다. 나는 평화하면 '전쟁 없는 나라' '통일'이라는 단어가 떠오른다. 또 독일이라는 나라도 생각난다. 인원은 적었지만 평온하게 산길을 걸어보고 오래간만의 여유를 되찾은 것 같아서 좋았다. 가족과 함께 하는 평화학교도 있었으면 좋겠다. 꼭! 또 오고 싶다."_ 황영주, 중1

청소년평화학교는 천안뿐만 아니라 구례에 있는 한상준 소설가의 집에서도 열렸다. 물론 참여 학생들의 반응은 아주 좋았다. 다음은 청소년 평화학교에 참여했던 학생의 모습과 소감문이다.

〈구례 평화학교〉
"이번에 새로 순천금당고등학교에 교장 선생님으로 오신 한상준 작가님의 집에서 '숲속 교실'을 했다. 테마는 크게 두 가지 '불편함을 겪다' '입을 닫고 귀를 열어 소리를 마음에 새긴다 ' 였다. 전화도 터지지 않고 인터넷도 안 되고 심지어 전기도 태양열로 쓰는 완전히 자연적인 생활을 경험했다. 나는 원래 자연 친화적인 것을 좋아하고 동물과 어울려 노는 것을 좋아한다. 그래서 신청하게 된 것이고. 이런 자연 친화적인 문명이 거의 없는 곳에서 생활을 하니 정말 좋은 경험이 되었다.
자연에 흡수되어 마치 자연의 한 부분이 된 것처럼 사는 게 정말 좋았다. 오히려 불편함을 겪는 것에서 나는 더 편안함을 느꼈다. 옛날 우리 조상들이 살았던 방식대로 자연적으로 사는 것이

▲전남 구례군 문척면 동해벚꽃길 약천사 뒤 한상준 소설가의 산속 집에서 평화학교가 열리고 있다.

지금의 문명과 과학으로 발전된 이런 세계보다 더 편하지 않나 생각한다. 그리고 두 번째 테마 입을 닫고 소리를 듣는 것은 정말 내가 이날 체험해 본 것들 중에서 최고의 경험이었다. 평소 듣는 것을 좋아해 그런지 몰라도 자연의 소리, 바람소리, 새소리, 물 흐르는 소리 등 많은 소리가 들렸다. 집중해 한 가지 소리만 들을 수 있는 것은 정말 큰 영감을 주었다. 도시에선 들을 수 없는 자연의 소리, 하나하나의 소리에 감동을 받았다. 이번 숲속 교실은 정말 좋은 추억과 경험이 되었다. 살아가면서 한 가지에 집중하는 그런 습관을 기를 수 있지 않았나 싶다. 다음에 기회가 있으면 한 번이고 두 번이고 더 많은 체험을 이왕이면 1박2일로 하고 싶다."_안민욱, 고1

그리고 다음 글은 천안 평화학교에 참가했던 남학생이 쓴 글이다.

평화란?

이○규(고2)

보통 평화라고 하면 사람들은 어떻게 생각을 할까? 사전에서 '평화'라는 단어를 검색하면 이렇게 나온다. 전쟁·분쟁 또는 일체의 갈등 없이 평온함 또는 그런 상태라고 기재되어 있다. 그리고 이 정의에 대해서는 현재 전쟁이나 내전을 치루고 있는 국가에서는 절실히 원하는 일 중에 하나일 것이다.

가장 대표적이면서도 현재도 진행되고 있는 사례로는 시리아를 중심으로 테러, 납치, 고문, 선전, 살인, 협박 등 중동 지역에서 활동을 벌이고 있는 이슬람국가(IS)라는 테러 단체와 그에 맞서 싸우는 자유 시리아 군 등의 반군들과 정규군, 그리고 2014년을 기준으로 참전 여부를 밝혔고 2015년, IS가 미국인들을 납치 및 처형에 대해 본격적으로 소탕 작전을 벌이고 있는 미군이다.

그렇다면 국제적인 사례를 제외하고 평소 우리가 살고 있는 사회에서 평화란 어떤 의미일까?

사람들의 입에서는 대립 없고 원활한 상태의 편안함 혹은 그런 마음을 의미할 것이다. 어쩌면 각기 다르게 생각할 수도 있다. 하지만 공통점은 분명 편안함, 안전함을 느끼는 마음이라는 것이다.

그렇지만 우리 사회도 완전히 평화롭다고 얘기할 수는 없을 것 같다. 현재 한반도는 세계에서 유일한 분단국가이며 언제 전쟁이 발발할지 모르는 긴장감을 62년(1953년 휴전협정 이후)이나 유지하고 있다. 우리는 그러한 상황 속에 살고 있다. 하지만 그런 불안정한 사회 속에서 우리는 우리 나름대로 평화를 느끼고 있다.

그럼 내가 생각하고 있는 평화 혹은 느낀 건 뭐냐?

글쎄다…. 별로 생각한 적도 느낀 적도 없어서 문제이다. 중학교 1학년 때부터 있었던 가족 간 불화랑 가정폭력, 그로 인해 콤플렉스와 트라우마를 가지게 되었고 결과적으로 부모님들은 이혼 소송을 하고 있는 상태에다, 나는 17년이나 지냈던 정겨운 곳을 떠나 경기도 안산으로 이주했으니 말이다. 전학 준비하는 데만 두 달이라는 시간이 걸렸고 막상 전학을 하고 나니 '전학생'이라고 냉대와 소외감을 받았고 우울증까지 겪었으니 말이다.

그런 나에게도 일시적이었지만 오지 않을 것 같은 평화가 찾아왔다. 남들과 다르게 찾아왔는데 중학교 졸업 후 봄방학 때 참석

했던 청소년 평화학교였다. 거기에 참석했는데 그렇게나
마음이 편한 적은 정말 오랜만이었다. 등산을 하면서 마음을
가다듬고 선생님들과 대화를 하며 변화된 점이나 학교생활 등에
대해 여러 모로 공유도 했고, 무엇보다 잊지 못할 추억을 쌓았다
는 점에서 행복과 평화를 경험했다.
　그래서 난 평화를 이렇게 생각한다. 자신의 힘과 노력만이 아
닌 타인이 내민 손길에 응함으로써 혼자 보지 못한 빛을 같이 보
며 잊지 못할 경험을 쌓는 것을….″

7) 모임의 변화 : '청소년평화모임'에서 '함께평화모임'으로

궁즉통窮卽通이라는 말이 있다. 이 말은 궁즉변窮卽變, 변즉
통變卽通, 통즉구通卽久라는 의미를 포함하고 있다. 사람의 일이
든 사물의 이치든 오래되면 궁함에 몰리고, 그랬을 때 변함을
꾀해야 통하며, 그렇게 통해야 오래갈 수 있다는 말이다.

이 보고서를 쓰고 있는 현재(2025) 청소년평화모임은 모임
을 결성하여 활동을 시작한 지 만 13년이 되었다. 그동안 가
장 큰 변화는 회원의 감소라고 할 수 있다. 청평모 회원 대부

분은 현직 교사였다. 그런데 이들이 10년이라는 시간이 지나는 동안 나이가 들어 퇴직하게 되었고, 퇴직하면서 생각의 변화를 일으켜 회원을 그만두는 일이 많았다. 그리하여 110명이 넘던 회원 수가 70명 남짓으로 줄었고, 그에 따라 모임의 성격도 변하지 않으면 안 되게 되었다. 그리고 한 가지 더 덧붙여야 할 것은 그동안 청평모의 실무 일을 도맡아온 작은숲 출판사 강봉구 대표가 건강이 안 좋아 예전처럼 활발한 활동을 할 수 없게 되어서다. 하여 2024년 3월에 발간된 회보 61호부터 모임 명칭을 '청소년평화모임'에서 '함께평화모임'으로 바꾸기로 하였다. 그리하여 그러한 변화를 회보 60호 앞표지에 공지하였고, 이후의 활동도 청소년이라는 학교 현장의 문제보다는 인생을 살면서 일상 속에서 평화를 실현하는 내용으로 바뀌게 되었다.

8) 앞으로의 전망

남아프리카 원주민들에게 전해지는 '크리킨디' 이야기가 있다.

"숲이 불타고 있었습니다. 숲속 동물들은 앞다투어 도망갔습니다. 그런데 '크리킨디'라는 벌새만은 왔다갔다 부리에 물을 한 방울씩 찍어 와서는 산불 위에 떨어뜨렸습니다. 다른 동물들이 그 광경을 보고 '그런 일을 해서 도대체 뭐가 된다는 거야?'라고 말하며 비웃었습니다. 크리킨디는 이렇게 대답했습니다. '나는, 내가 할 수 있는 일을 하는 것뿐이야.'

이 이야기에서 우리가 얻을 수 있는 교훈은 무엇일까? 어떤 상황에서든 내가 할 수 있는 일을 한다는 것, 문제 해결을 위해 아무리 작은 일이라도 행한다는 것이다. "전쟁을 준비하면 전쟁이 오고, 평화를 준비하면 평화가 온다."는 말이 있다. 또 틱낫한 스님은 "자기 마음이 평화롭지 못하면 평화를 위한 어떤 일도 할 수 없다."라고도 했다.

우리가 살고 있는 한반도의 대내외적 환경은 갈수록 평화의 소중함을 느끼게 한다. 더욱이 보수 정권에서의 한반도 평화는 남북이 미국과 중국을 등에 업고 힘 대결을 앞세워 일촉즉발의 전쟁 상황까지 치닫고 있다. 그뿐만 아니다. 우리의 일상은 경쟁과 유교적 군사문화가 만연하여 갈수록 삶은 힘들어지고 정서와 인간성은 피폐해져 간다. 학교나 가정에서도

평화교육을 하지 않으면 그 시간에 누군가가 경쟁과 폭력교육을 한다.

이런 때일수록 중요한 것은 원칙을 지키는 일이 아닐까? 개인의 내면과 사회가 평화롭고자 하는 사람들이 모여 평화의 그물망을 짜야 하지 않을까?

평화는 자신이 자신의 삶 속에서 실현하는 것이다. 평화는 아주 가까운 곳 우리의 일상에 있다. 내가 평화로워야 내 주변이 평화로워진다. 평화는 일상의 변화, 관성을 극복하는 주의

력에서 온다. 이 말은 모두 일상에서 평화 감수성을 기르고, 갈등 상황을 평화롭게 해결할 수 있는 평화력力의 중요함을 나타내고 있다. 그렇다면 우리는 다음과 같이 물어야 한다. 지금 나는 평화로운가? 오늘 나는 평화롭기 위해 무슨 노력을 하였는가?

'함께평화모임'은 회원이 30명(지금 현재 70여 명)이 될 때까지 할 것이다. 30명인 이유는 그 모임(조직)에 회원이 최소 30명은 되어야 그 꼴이 갖추어지며 실무적인 여러 일, 예컨대 회보제작 발송 등도 자체 힘으로 할 수 있기 때문이다. 그 이후엔? 그땐 그만해야지. 나는 평소에 세상의 모든 것은 자기 나름의 한계(끝)를 갖고 있다고 생각한다. 그 한계란 사람의 힘으로는 어찌할 수 없는 한계다. 사람도 자연도 동식물도, 어떤 조직의 활동도 그렇다고 생각한다. 응집력이 다해 사라질 때가 되면 사라지는 게 순리이다.

다만 그때까지 자기 할 일을 하는 것. 뜻을 같이하는 이들과 한길을 걷는 도반道伴이 되어 함께 평화를 실현한다는 것. 나는 그것이 중요하다고 생각한다. 왜냐면 지금 이 땅에서 우리들이 실현하고자 했던 어린이 청소년 평화의 작은 파동은, 언젠가 역시 평화를 실현하고자 하는 또 다른 이에게 전해지고 이어져, 지구별과 우주에서 선한 기운으로 남아, 우리들이 추구했던 평화의 기운이 사라지지 않을 것이기 때문이다.

3. 새로운 인식의 전환 – 선善의 세계에서 미美의 세계로

앞서 말한 대로 그동안 나는 교사로 근무하다 2012년 퇴직했다. 그리고 퇴직 후 약 8년이 지난 2020년 1월 5년제 인생대학에 입학했다. 나는 인생대학에 다니면서 시를 쓰고 공부하는 중에 '미美'의 세계를 발견했다. 그동안 미에 대해 몰랐던 것은 아니다. 그러나 이번에 하게 된 미의 발견은 선에 대한 인식을 새롭게 하면서 이루어졌다. 나를 포함하여 교사들이 갖는 일반적 인식은 선함이다. 곧 착함 봉사 헌신 같은 이미지를 갖는 선함은 예술가들이 구축하는 미의 세계와는 관련이 없으며, 오히려 독자적이고 유니크한 미적 세계를 추구하는 데 방해가 될 수도 있다는 것이다.

그렇다면 미(아름다움)란 무엇인가? 미는 아름다움 그 자체이다. 미의 세계란 그 자체로 하나의 완벽한 세계이다. 미의 세계 혹은 미적 존재는 관능이나 덕성, 실효성이나 실용성의 모든 관계를 떠나 있는 독자적인 세계이다. 관능이란 사람의 주관적 판단에 의한 유쾌함과 불쾌함을 말한다. 그리고 덕성이란 시비와 선악을 말하는데, 이 시비와 선악은 학교 교육, 그 외에 공동체의 관습, 통례(남들이 그렇게 하니까 나도 그렇게 해야 한다), 법, 질서, 상식 등에 의해 구분되는 것으로 사회적으로 형성된 도덕 규범을 의미한다. 그리고 실용성이란 실제 생활에서의 쓰임을, 실효성이란 실생활에서 어떤 효과를 나타내는 것을 말한다. 그런데 미의 세계란 위에서 말한 것들과는 전혀 관계가 없는 그 나름으로 독자적이고 고유한 가치체계라는 것이다. 이 말을 이렇게 간단히 정리할 수 있겠다.

> 미, 미의 세계 = 사람이 느끼는 유쾌하고 불쾌함, 옳고 그름, 선함과 악함, 그리고 실효성이나 실용성과는 관계가 없는 독자적인 고유한 가치체계.

미가 깃들어 있는 존재가 미적 존재이다. 미는 삼라만상에 두루 깃들어 있다. 미적 존재는 아름다움 자체를 본질로 삼고 있는 여러 사물이나 사람을 말한다. 자연에 깃들어 있는 자연미, 인간 사회에서 발견되는 사회미가 있으며, 가장 아름답고 숭고한 미는 인성의 아름다움에서 오는 미이다. 미는 인간에게 즐거움을 주기 때문에 아름다운 것이 아니라, 그 자체가 아름답기 때문에 즐거운 것이다.

　미는 인간의 마음에 즐거움과 감탄을 준다. 미의 발견을 통해 인식의 확장이 이루어지며 새로운 차원의 세계를 경험하게 한다. 생활 주변에 널려 있는 미를 발견해내는 능력이 심미안審美眼이다. 미의 세계는 예술을 통해 표현되며, 예술은 표현 방식(도구)에 따라 문학 미술 음악 무용 등으로 분야가 갈린다. 인간은 살아가면서 생존의 욕구 외에 아름다움에 대한 갈망을 갖는다. 그리고 생존하기 위해 들이는 시간 외에 그 나머지 여유의 시간에 인간은 저마다의 아름다움을 '표현'하려고 한다.

　인간은 표현을 통해 자기 자신을 드러낸다. 그런데 여기서 표현할 때 동반되는 것이 바로 '상상력'이다. 상상력이 가미되지 않은 표현은 없다. 상상력은 실제보다 길게 혹은 짧게 부풀리거나 축소하기도 하고, 표현 대상의 겉모습이나 속의 내용을 더하기도 하고 덜하기도 한다. 고대 원시인들의 사냥하던 장면은 여유 있는 시간에 상상력을 통해 그림이 되었다. 자기 자신(혹은 부족)을 표현하고 싶은 욕망이 그림을 그리게 했고, 이러한 인간의 본원적 욕망은 오늘날 무수한 SNS에 자신의 일상과 관심사를 자기만의 색깔로 표현하는 것으로 이어지고 있다.

사람은 누구나 우주에 널려 있는 미적 존재를 감각과 인식을 통해 느낀다. 그리고 미적 인식을 바탕으로 미적인 존재를 새롭게 만들어낸다. 이것이 바로 창조 활동이며 그 결과가 우리가 흔히 말하는 '작품'이 된다. 사람에게는 심미적 본성과 심미적 능력(미적 존재를 식별해내는 인식능력)이 있다. 이것은 경험이나 학습을 통해 길러지기도 하지만, 생리의 일부로 유전되는 우리 몸에 내재한 자연법칙 중 하나이기도 하다.

그에 비해 선(착함)은 어떤가? 한자의 착할 선善자는 양羊을 제사 상牀을 상징하는 감凵 위에 올려놓고, 입으로 상 밑에 엎드려 기도한다는 뜻을 가졌다. 곧 나나 부족의 모든 죄를 양을 제물로 바치니 용서해 달라고 간청하는 행위가 선이었던 것이다. 여기서 알 수 있는 것은 선은 그 자체가 사회성을 띠는 말이다. 사회 구성원인 부족, 그리고 부족의 일원인 개인의 죄를

빌고, 거기서 더 나아가 개인과 부족의 번영을 신에게 간구하는 행위가 바로 선이었던 것이고, 그런 행위가 '선행善行'이었던 것이다.

따라서 선행에는 공동체의 안녕을 위한 질서가 필요했다. 그리고 질서는 법이나 관습 등에 의해 유지될 수 있었고, 계급의 분화를 통한 안정적인 지배체제를 필요로 했다. 인간 사회는 사유재산의 인정과 계급의 분화를 통해 발전되어 갔고, 그 같은 일을 지속적으로 이끌어가는 가치 체계가 바로 선을 바탕으로 하는 윤리와 덕德이었다. 다시 말해 어떤 사회가 문제없이 잘 굴러가는 것이 곧 선한 일이요, 그러지 못하면 나쁜 일(악)이 되었던 것이다.

예를 들어 보자. 둥근 바퀴가 있다고 하자. 바퀴는 잘 굴러가야 제 역할을 다 하는 것이다. 그리고 그럴 때 바퀴는 선한 존재가 된다. 바퀴의 실용성이 극도로 발휘되기 때문이다. 바퀴는 굴러가라고 만든 것이고, 실제로 그 역할(실용성과 실효성)을 다할 때 바퀴는 바퀴로서의 덕성을 갖는 것이다. 이것이 선善이다.

그런데 만일 바퀴가 세모졌다면? 아니면 오각형이라면? 이 것은 바퀴로서의 역할을 제대로 하지 못하므로 선의 존재라고 볼 수 없다. 그렇지만 이런 바퀴는 미적 존재가 될 수 있다. 앞서 말한 대로 미적 세계는 인간의 쾌 불쾌, 옳고 그름, 선과 악, 실용성이나 실효성과는 관계없이 독자적으로 존재하기 때문이다.

이런 관점에서 볼 때 세모진 바퀴는 선적인 존재는 될 수 없어도 미적 존재인 예술이 되며, 예술가는 미처 생각하지 못한 사람들에게 깨달음과 발상의 전환, 그리고 인식의 지평을 넓혀주는 역할을 한다.

피카소의 「황소 머리」라는 작품이다. 이 작품이 만들어지기까지 이런 일화가 있다. 어느 날 피카소는 길거리에 버려진 낡은 자전거를 본다. 그는 자전거를 작업실로 가져가 자전거의 안장과 핸들을 떼어내고 안장 위에 핸들을 거꾸로 붙인다. 이렇게 만들어진 조형물에 청동을 입히자 안장은 황소

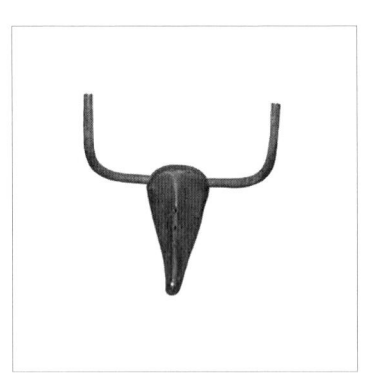

의 얼굴로, 길고 구부러진 핸들은 황소의 뿔로 변했다. 피카소는 이 조형물에 「황소 머리」라는 이름을 붙였다.

 이같이 상식을 깨버리는 발상의 전환, 고정관념으로 사물을 대하는 것이 아니라 인식의 전환을 불러와 새로운 세계를 '창조'하는 행위가 바로 미적 창조인 것이다.

 5년제 인생 대학을 다니는 동안 미와 선에 대한 공부를 통해 인식을 새롭게 하면서, 나는 나 자신에 대해 탐구하게 되었다. 나는 그동안 두 번의 해직까지 포함해서 40여 년이라는 긴 시간을 학교 교사로 근무했다. 이는 곧 나는 그동안 선적善的인 사람으로 살았다는 뜻이다. 왜냐면 교사라는 사람들의 의식 속에는 교육행위를 통해 공동체의 질서를 유지하도록 하는 그런 행위가 들어있기 때문이다. 그리고 우리 사회에서 교사에게 주어지는 의무가 바로 착함, 희생, 봉사와 같은 역할을 하도록 하기 때문이다.

 그런데 나는 교사이면서 또 시를 쓰는 시인이 아닌가? 나라는 사람은 선적인 존재(교사)이자 미적인 존재(시인)가 아닌가? 그동안 교직에 있을 때, 그리고 해직되어 교육민주화 운동을 할 때 나의 의식은 미보다는 선이 지배적이었다. 그러나 이제 지금은 퇴직하여 본격적으로 '나만의' 시를 쓰고자 하지 않는가. 교직에 있을 때 내가 주력했던 행동들, 예컨대 학생 글쓰기 교육이나 교육민주화운동, 그로 인한 해직, 그런 가운데 썼던 교육시와 민중시 그리고 여타의 다른 글들은 크게 말해 교사로서의 의식, 곧 사회적으로 선을 실현하겠다는 의식에서 했던 일이 아닌가?

그렇다면 퇴직 이후 본격적으로 나다운 시, 나만의 시를 쓰고자 하는 나는, 지금까지 교사로서 지녀 왔던 선적인 의식에서 시인으로서 미적 의식을 가져야 하지 않는가? 이렇게 선에서 미로의 인식 전환이 이루어지자 나의 일상생활과 행동에도 자연스럽게 변화가 뒤따랐다. 가장 큰 변화는 인간관계의 변화였다. 그동안 내가 맺은 인간관계는 교사로서 알게 된 사람이 대부분이었다. 사범대학의 선후배, 해직 당시 알았던 전국의 해직교사들, 교육운동과 문학 활동을 통해 알았던 사람들이 거의 대부분이었다. 다시 말해 그들은 'Do the good', 곧 선적인 의식을 갖고 있는 사람들이었다. 그런데 내가 미적인 의식을 추구하게 되자 이들과 자연스럽게 거리가 두어졌다. 내가 추구하는 미적 세계와 다르다 보니 자연스럽게 관심사도 달라 만나도 할 말이 별로 없었다. 그들은 퇴직 후에도 퇴직 전 '교사'로서의 의식을 이어갔으며, 하는 행동이나 말이 전과 똑같아 만나도 새로움을 느끼기 어려웠다.

그러다 보니 자연스럽게 퇴직 교사들이 하는 이런저런 모임에 참여하지 않게 되고, 더욱이 카톡을 하지 않으면서 그들과의 관계는 날로 소원해졌다. 그러면서 나는 더욱더 미적인 세계에 몰입하게 되었고, 어떤 행사나 모임에 참석하지 않고 혼자 집에서 지내는 시간이 늘면서 글(시)쓰기에 매진하게 되었다. 글쓰기에서의 변화도 당연히 뒤따랐다. 쓰고자 하는 바가 달라졌고 표현도 달라졌다. 그런 변화 가운데 가장 큰 변화는 단연 시에서의 변화였다.

4. 시의 변화 - '대중시'에 대하여

1) 변화의 계기 : 7금禁, 4권勸

2016년 나는 실천문학사에서 제 11시집 『소금 울음』을 펴냈다. 이 시집을 발간하기 전 나는 약 10개월 동안 시에 대해 그야말로 문학청년처럼 공부했다. 다른 분야의 책은 멀리하고 오직 시만, 그것도 시의 현대적 감각을 익히기 위해 젊은 시인들의 시만 읽으며 시를 썼고, 그렇게 쓴 시를 모아 시집으로 묶어냈다. 이를테면 이런 시였다.

바깥

나의 바깥은 난처하다
나는 나에게 잘해주는 것이 진보라고 믿는다
난처한 바깥은 나를
잠시도 가만두지 않는다
택배 왔어요, 신문 하나 보세요
오늘도 책을 펴고 고요를 읽었다
고요에 깊이 골몰하다 보면
누군가 귀에 대고 무슨 말인가 속삭이는 것 같다
햇빛에 녹는 눈이
사분사분 들려주는 소리 같다
요즘 삼일 동안
문자 하나 왔었다
매월 말일 살지도 않는 시골집 전기요금
이천삼백 원 빼간다는 한전에서 온 문자
그 일도 난처하다
난처와 난처 사이 토막잠을 잔다
시를 쓰며, 고드름 녹아 흐르는 물에 나도 흐른다
자꾸만 나를 난처하게 하는 바깥

이 겨울 견디기 위해

나는 발끝에

힘을 주되 힘을 뺀 힘을 주어야 한다.

시집이 나온 후 나는 문단의 동향을 살폈다. 판매는커녕 언론에 단 한 줄도 소개되지 않았다. 인터넷 매체 몇 군데서 다루었을 뿐 반응은 싸늘했다. 물론 나는 평소에 책을 내고 난 후 책의 판매 정도나 언론의 주목을 받는 일에 대체로 무심한 편이었다. 등단부터 필화를 겪었고, 이후에도 오로지 교육운동에만 전념했던 터라 애초부터 문단 활동을 아예 하지 않았고, 작가는 오직 좋은 글만 쓰면 된다는 우직한 입장이어서 그런 일에는 관심을 두지 않았다.

그런데, 아무리 그래도 이건 너무한다 싶었다. 누구나 글 쓰는 이는 자기 글이 세상에서 제일 잘 쓴 글이며, 따라서 책도 많이 팔리고 남들이 알아주길 기대한다. 또 그런 호감과 호평이 단순한 '자뻑'이 아니라 다음 글을 쓰게 하는 원동력이 되게 하는 것도 사실이다. 그런데 냉담했다. 냉담 정도가 아니라 아예 침묵이었다. 내가 시집을 냈는지 어떤지 아무 흔적없이 그대로 사라질 판이었다. 그 시집이 어떤 시집인가? 어쨌든 나로서는 11번째 시집이고, 게다가 거의 일 년간 그야말로 시에만 매달려 고시 공부하듯 시를 공부하면서 쓴 시집이 아닌가?

나는 약이 바짝 올랐다. 그러나 그 약오름도 시간이 지나자 그렇고 그런 일이 돼버렸다. 그러면서 찾아드는 생각. 도대체 어디에 문제가 있나? 내 시에서 부족한 점이 무엇인가? 이런 생각에 사로잡혔고, 급기야 그동안 내가 쓴 시에 대해 진지한 점검과 앞으로 시를 쓴다면 어떻게 써야할 지를 성찰해 보았다. 그 결과 나온 것이 7금禁과 4권勸. 7금 4권이란 앞으로 시를 쓰는데 7가지를 금지하고 4가지를 권장한다는 뜻이다.

① 7금禁

7금이란 앞으로 시를 쓰면서 금한다는 것이다. 아래와 같은 7가지 조항이다.

- 분노하거나 비판하지 않는다 : 시의 내용이 어떤 일에 대해 분노하거나 직설적으로 비판하지 않는다.
- 냉소적이지 않다 : 시의 소재가 되는 어떤 사물이나 사회 현실을 조롱하고 비웃지 않는다.

- 엄숙하고 비장하게 쓰지 않는다

- 과거의 일을 쓰지 않는다 : 특히 부모님 생활과 나의 유년 기적 체험의 바탕이 된 농경사회 문화를 소재로 한 시는 쓰지 않는다.

- 가르치려 들지 않는다 : 시를 통해 어떤 일을 가르치려(교훈적) 들지 않는다.

- 관념적이지 않다 : 시를 관념이 아닌 체험한 내용을 바탕으로 쓴다.

- 너무 한국적이지 않다 : 시에서 지나치게 한국적인 정서와 시어를 담지 않는다. 한국인에게는 그 정서가 통할지 몰라도 세계인에게는 통하지 않는다. 세계인 누가 읽어도 공감할 수 있는 시를 쓴다.

② 4권勸

4권이란 앞으로 시를 쓰면서 권장할 항목이다.

- 짧게 쓴다 : 예전의 시가 대부분 길었는데 이제부터는 시를 짧게 쓴다.

- 재미있게 쓴다 : 어쨌든 시를 재미있게 쓴다.

- 쉽게 쓴다 : 복잡하고 어려운 시는 안 쓴다. 한눈에 읽고 한 번에 꽂히는 시를 쓴다.
- 공감되게 쓴다 : 공감의 폭이 넓도록 대중적으로 쓴다.

7금 4권이라고 하니까 마치 어떤 지하조직의 행동 강령처럼 보이겠지만 그런 것은 아니고, 앞으로 내가 시를 쓰는데 하나의 기준으로 삼겠다는 말이다. 왜? 그러지 않으면 더 이상 내 시의 발전이 없으니까. 무엇보다 내가 내 시에 만족할 수 없으니까.

결국 7금 4권의 핵심은 '변화'였다. 그동안 나는 독재 정권과 지배계급에 대한 저항, 농경사회 문화의 구현, 참교육 실현이라는 내용을 중심에 두고 시를 써 왔다. 그렇게 30여 년 동안, 열 권이 넘는 시집을 발간하면서 이른바 1980년대적 '민중시'를 써 왔던 것이다. 아마 위에서 말한 7금의 항목도 결국은 이런 시에 대한 처절한 자기반성에서 온 결과일 것이다. 변하지 않으면 발전할 수 없으니까. 지금 상태로의 시로는 앞이 꽉 막혀 옴치고 뛸 수 없으니까.

그리하여 나는 시집 『소금 울음』 이후부터 의식적으로 7금의 시를 멀리하고 4권의 시를 쓰기 시작했다. 시를 새로 공부하는 문학청년처럼 시를 처음부터 다시 쓴다는 각오로 새롭게 쓰기 시작했다. 긴 시는 버렸고, 쉽고 짧게 썼으며, 무엇보다 시를 재밌게 쓰려고 했다. 그렇게 새로 쓰는 시 가운데 가장 어려운 것이 시를 재밌게 쓰는 거였다. 4권 가운데 나머지 셋은 어느 정도 훈련에 의해 되는데, 재밌게 쓰는 일이 가장 어려웠다.

새로운 문제의식에서 쓴 시를 모아 나는 13 시집인 『좋으니까 그런다』(천년의 시작)와 14 시집인 『산』(도서출판b)을 펴냈다. 그러면서 2020년부터 5년제 인생대학에 다니게 되었고, 변화된 나의 시에 '대중시'라는 이름을 붙여, 그 내용을 지금 이 보고서에 쓰고 있다.

2) '대중시'라는 명칭

요즘 들어 시를 짧고 쉽게 쓰려는 경향이 늘면서 그런 시에 붙이는 명칭도 다양하게 거론되고 있다. 예컨대 생활시 일상시 짧은시 같은 말이 있고, 이와는 다르지만 디카시라는 말도 있다. 디카시는 디지털카메라와 시가 결합된 말로 누구나 스마트폰으로 사진을 찍어 그 사진에 해당하는 짧은 시 몇 줄을 덧붙이는 것이다. 디카시는 현재 시의 한 영역으로 자리 잡아 나갈 만큼 활성화되고 있으니 여기서는 논외로 한다.

생활시나 일상시 짧은시 같은 말들은 시를 쓰는 사람들이 편의적으로 붙인 말로 보인다. 생활시나 일상시는 시의 소재를 일상에서 찾는다는 점에서, 짧은시는 분량이 짧다는 점에서 그렇게 붙인 이름으로 보인다. 나도 변화한 나의 시에 대해 그렇게 생각하고, 명칭에 대해 특별한 고민을 하지 않았다. 그러다 이 보고서를 써야겠다는 생각과 함께, 그렇다면 나의 변화된 시를 무슨 말로 표현할 수 있을까 고민하게 되었고, 그 결과 생각한 것이 '대중시'라는 것이다.

대중시는 모든 문화예술은 '대중화' 되어야 한다는 평소 나의 지론에서 나온 말이다. 인간에게는 지地 수水 화火 풍風 만큼이나 예술(시)이 필요하며, 모든 예술은 예술가 개인의 유일무이한 작품보다는 모두가 누릴 수 있는 작품이 되어야 한다는 것이다. 다시 말해 시가 특별하고 높고 신비한 세계에 있는 그 무엇이 아니라, 먹고 마시고 일하는 사람들 속에 있고, 시인은 그런 시를 '발견'하여 일반 대중이 읽을 수 있게 해 주어야 한다는 것이다. 여기서 '대중'이라는 말은 등단을 마친 전문 문인을 포함하여 문학을 애호하는 사람이나, 지금은 여러 사정에 의해 문학의 관심에서 멀어졌지만 앞으로 언제든지 그럴 가능성이 있는 모든 사람을 가리킨다. 이것이 곧 예술(시)의 민주화이자 생활화이며 내가 추구하고자 하는 이상이다.

따라서 대중시는 전문 시인들이 쓴 시와 초등학생이나 문해교실 할머니들이 쓴 시 사이(경계)에 있다 하겠다. 그리고 두 분류의 시 가운데 어느 쪽에 더 가깝냐면 초등학생이나 문해교실 할머니들이 쓴 시에 더 가깝다고 할 수 있다. 그만큼 대중시는 읽으면 바로 이해되도록 쉽고 소박하고 단순해야 한다.

그러고 보니 앞서 말한 4권(勸)이라는 것도 결국 나의 대중시에 대한 구체적인 창작방법에 해당하는 말이었다. 그러니까 나는 내 시가 평론가나 유명 출판사에서 원하는 그런 시가 아닌, 작가가 아니라도 문학을 애호하는 일반 독자와, 생업에 바빠 평생 시 한 편 제대로 읽어 보지 못하는 사람들을 위한 시가 되어야 한다고 생각한다. 예를 들어보자.

바라건대

몸 튼튼
일 술술
돈 펑펑

이 시는 2023년 5월 내가 집 앞에 있는 카페에 갔을 때 낙서판에 있는 말을 그대로 가져다 제목만 붙여 만든 시이다. 이 시 같지도 않은 시를 평론가들은 어떻게 평할 것이며, 유명 출판사에서 이런 시의 시집을 내려고 하겠는가? 그러나 내가 볼 때 이 시는 평론가나 출판사에서는 외면당할지 몰라도 전문 시인을 포함한 일반인, 생활전선에서 일하는 일반 대중(노동자, 농민, 빈민)들에게는 호소력이 있을 것으로 본다. 대중시가 지향하는 시의 방향이 이와 같다는 것이다.

이쯤에서 대중시와 관련하여 1980-90년대 많이 쓰인 '민중시'를 떠올리지 않을 수 없다. 민중시와 대중시. 지난날 나는 소위 민중시를 썼고, 지금은 대중시를 쓰고 있다. 시의 본질은 변하지 않는데 세월 따라 내가 변하고 있다. 자, 그렇다면 민중시와 대중시를 이렇게 정리해 보면 어떨까?

> - 민중시 : 리얼리즘, 지사적인 비장함, 분노 적개심 투쟁의식 고취, 계급성, 예리하다, 타격 목표 명확, 선전 선동, 비교적 시가 길다, 직선적.
> - 대중시 : 휴머니즘, 약자에 대한 연민이 바탕, 삶의 보편적 주제 추구, 삶의 근원 탐구, 사회적 약자, 포용적, 보고 듣고 느끼고 행한 체험 위주, 짧고 쉽다, 곡선적.

대중시는 민중시의 계보를 잇는다. 그러나 민중시가 지녔던 한계를 극복하여 나온 것이다. 대중시는 시의 주제로 포용하는 바가 넓으며 사회 문제만 아니라 인간의 삶과 존재의 근원을 탐구한다. 휴머니즘에 바탕을 두고 있으며 짧고 쉽고 재밌게 쓰려고 한다.

3) 대중시 출현의 사회 문화적 배경

앞에서 나는 내 시가 대중시로 발전하기까지의 변화와 대중시의 명칭에 대해 이야기했다. 이러한 변화는 엄밀히 말하면 내 안에서의 변화이다. 그러나 이보다 더 크게 내 시가 그렇게 변하도록 추동한 배경에는 우리 사회의 변화, 곧 시대의 변화가 있다.

① 읽지 않고 훑어본다

누구도 그가 사는 시대의 제약을 넘어서지 못한다. 모든 예술 작품은 시대적 한계를 안고 있고, 작품을 감상할 때 우리는 그 한계를 고려해야 한다. 과학기술의 발달에 따라 작품을 표현하는 방식도 변하고 있고, 그에 따라 시대정신도 바뀌어서 이제는 문자문화에서 영상매체 시대로 문화의 중심축이 이동하고 있음은 주지의 사실이다.

전에 어느 글을 읽고 망연한 적이 있다. 우리나라 청소년들이 텍스트(글)로 된 책에 집중할 수 있는 시간이 8분이라는 거였다. 8분 이상은 글로 된 책에 집중하지 못한다는 것이다. 그런데 우리나라 중학교 수업 시간은 45분, 고등학교는 50분이다. 만일 이 말이 사실이라면 우리나라 학생들은 10분 이상을 수업에 집중하지 못한 채 고역에 놓이게 된다. 그리고 이런 현상이 난독증, 디지털 기기로 인한 읽기 능력 저하 같은 결과를 가져왔을 것이다.

"미국의 메릴랜드 대학교의 시선추적연구소의 야로스 교수는 우리가 하나의 콘텐츠를 읽는데 평균 26초를 쓴다고 한다. 클릭한 웹페이지를 읽는 데 쓰는 시간은 평균 15초. 우리 뇌가 방금 클릭한 것이 마음에 드는지 어떤지를 결정하는 데에는 0.017초밖에 걸리지 않는다고 한다. 아니다 싶으면 금방 마음을 닫아버리는 것이다. (~) 우리는 매일 344번 이상, 최소한 4분에 한 번 꼴로 스마트폰을 확인한다. (~) 화면에 뜨는 거의 모든 것을 잃지 않고 훑어본다. 그러면서 클릭 클릭 클릭….''

위 글은 『스마트 브래비티』라는 책에 나오는 말이다. 텍스트에 대한 집중력 저하, 클릭 클릭으로 대변되는 현대사회는 읽지 않고 '훑어보기'라는 문화소비 형태를 가져왔다.

② 스낵 컬처

스낵 컬처란 시간과 장소에 구애받지 않고 짧은 시간 동안 간편하게 즐길 수 있는 문화 콘텐츠를 말한다. 인터넷 만화, 인터넷 소설 따위가 대표적이다. 스낵(과자, 간식)이라는 말에 컬처(문화)를 붙여서 스낵 컬처가 된 것이다.

스낵 컬처라는 용어가 부각되기 시작한 것은 대략 2010년대로, 스마트폰의 보급률이 기하급수적으로 증가하면서부터다. 소설, 웹툰은 물론이고 게임계에서도 스마트폰이 새로운 문화 소비 창구가 되면서, 짧은 시간에 만족도가 높은 콘텐츠를 다량으로 소비하는 데에 초점을 맞추기 시작했다. 시간은 한정되어 있는 데 반해 콘텐츠는 매일매일 제곱 수준으로 불어나는 상황에서 소비자가 선택할 수 있는 방법은 짧은 시간 안에 다량의 콘텐츠를 소비하는 것밖에 답이 없었던 것이다.

매체와 정보가 넘쳐날수록 소비자의 피로도는 높아진다. 온라인 콘텐츠도 스마트폰에서 한두 번의 스크롤로 다 훑어볼 수 있는 분량에 맞춰지고, 그 이상의 분량은 잘 안 읽으려 하는 문화 소비자들의 요구에 맞게 시대의 문화가 바뀌고 있다. (이상 나무위키에서 인용)

③ 소비자(독자) 중심

내가 넷플리스를 처음 접한 것은 1년이 채 안 된다. 전에 보던 방송을 끊고 올레 티비를 보면서 넷플리스도 같이 신청했다. 그런데 거기 올라오는 영화 위주의 콘텐츠를 보면서 혀를 내둘렀다. 한마디로 저 많은 영화를 언제 다 보겠냐는 거였다. 그러면서 드는 생각. 저 수많은 콘텐츠(영화)를 제작하여 공급하는 사람들(공급자)은 무슨 생각으로 저것을 만들었을까? 돈은 되나? 누가 봐 줄 것을 기대하고 만들었나? 그건 그렇겠지. 봐 주지 않을 것을 돈 들여 만들 리는 없으니까, 등등.

이런 생각은 곧바로 우리나라 시인이 쓰는 시로 옮겨 갔다. 우리나라 시인이 6~7만 명이라고 한다. 그들이 각종 문예지, 동인지, 기관지 등에 일 년에 발표하는 시는 수 만 편이 넘을 것이다. 그런데 그걸 누가 읽나? 저마다 각고의 열정과 노력으로 최고의 작품을 쓰려고 애쓴 작품인데, 읽어 주는 사람이 없다?

여기서 한 가지 깨달은 바가 있다. 지금 이야기한 이른바 넷플리스 일을 통한 내 인식의 변화는 나의 시작 활동뿐만 아니라 우리나라 문화산업구조 전반을 새로 보게 만들었다. 그것은 한 마디로 모든 문화 예술 산업의 중심이 공급자에서 소비자로 옮겨갔다는 것이다. 과거에는 공급자(제작자, 원작原作을 생산하는 작가)가 문화산업의 중심이었다. 다시 말해 콘텐츠를 제작하여 공급하는 자가 문화산업에서 권력자였던 것이다. 공급자가 어떤 작품을 만들어내야 소비자는 그것을 감상할 수 있었다. 따라서 공급자가 창의적인 아이디어로 어떤 작품을 제작하느냐가 곧 예술 활동의 필요조건이요, 그다음 소비자가 그것을 소비하는 것이 충분조건이었다.

그러나 과학기술의 발전에 따른 문화지형이 바뀐 지금은 그게 아니라는 것이다. 공급자보다 소비자가 우선이라는 것이다. 기하급수적으로 증가하는 수많은 작품을 '선택'하여 보아줄 '권리'는 소비자에게 있다. 이미 새로운 생활 감각에 익숙한 소비자의 취향에 맞지 않으면 그 콘텐츠가 아무리 많은 돈을 들여 제작했다 해도 해일에 쓸리는 바닷가의 모래처럼 사라지고 만다.

이에 더하여 유튜브와 각종 SNS는 콘텐츠의 소비자들을 콘텐츠의 생산자로 나서게 했다. 자신들이 소비의 주체가 되면서 동시에 콘텐츠 생산의 주체가 된 것이다. 자기가 하고 싶은 것을 손쉽게 제작하여 올리고, 퍼뜨리고, 그것에 댓글을 달아 자기 의견을 표현하고. 문학만 해도 필력이 전문작가 뺨치는 사람들이 부지기수다. 그런 집단적이고 창발적인 활동이 새로운 문화지형을 만들어내고 있고, 그런 가운데 나는 시를 쓰고 있는 것이다.

이런 상황을 인식하고 난 후 나의 시가 변하지 않을 수 있겠는가? 시라는 예술도 단 몇 마디의 언어로 힘 있고 분명하게 하는 대화의 일종이다. 그리고 대화는 소통을 전제로 하는 사회적 행위이다. 소통이 안 되면 고통이 온다. 내 말(시)을 상대(독자)에게 알아듣게 하는 것이 우선 시의 기본이다. 그다음 이에 더하여 여러 가지 시적 장치를 통해 아름다움을 추구하는 것이 시의 본령이다. 시가 세상에서 무슨 일을 해야 하나, 또 세상이 원하는 시는 어떤 시인가를 생각해보면, 자기 시가 변하지 않을 수 없다.

4) 비로소 도달한 나만의 시 세계

예전부터 나는 내가 진정으로 쓰고 싶은 시를 쓰지 못하고 있다고 늘 생각했다. 그것은 나의 등단부터가 투쟁 중심의 민중시 계열의 시로 했으며, 그 이후에도 외부의 어떤 가치(시의 사회적 역할)에 이끌려 내가 쓰고자 하는 시의 영역은 늘 뒷전으로 밀려나 있다고 생각했다. 그러니까 나는 그동안 내 시의 중심이 되었던 사회적 저항이나 교육 문제 농업 농민 문제에서 벗어나, 시의 범주를 더 넓혀 인간과 삶의 근원에 가 닿는 그런 시를 쓰고 싶었던 것이다. 그러나 그런 바람은 실현되지 않은 채 30년 이상 시간이 흘러갔다. 그러다 앞서 말한 대로 2016년 11시집 『소금 울음』 출간 이후 7금 4권을 시 창작의 기준으로 시를 새롭게 쓰기 시작하면서, 나는 다른 눈치 보지 않고, 전부터 쓰고 싶었던 '나의 시'를 비로소 쓰기 시작했다. 그리고 그렇게 쓰는 요즘 시에 '대중시'라는 이름을 붙인 것이다.

예술가(시인)에게 진정한 자유란 무엇인가? 내 경험에 의하면, 그것은 자기만의 독자적인 세계를 구축했을 때 비로소 예술가는 자유로울 수 있다. 자기만의 독자적인 세계에 들어서야만 그는 다른 사람의 작품과 자기 작품을 비교할 필요가 없고, 부러워할 것도 여기저기 눈치 볼 것도 없게 된다. 그는 자기가 발견한, 혹은 구축한 미의 세계를 견지한 채 자기의 길을 가면 된다. 더 이상 남을 따라갈 필요가 없다. 자기 식대로 자기가 쓰고 싶은 것을 쓰면 된다. 다른 사람은 어떤지 몰라도 나는 '나만의' 시 세계를 생물 나이 65세, 작품 활동한 지 37년 만에, 그리고 인생대학 3학년(2022년)에 발견했다. 마치 면벽 수도하는 선승이 '깨달음'을 얻어 오도송을 읊고 나온 것처럼 말이다. 다음은 그렇게 쓴 시이다.

나의 시

빼어난 시 오묘한 시

아주 잘 쓴 시는 아니지만
초등학생이 쓴 시처럼
문해교실 할머니가 쓴 시처럼
쉽고 뜻이 분명하다

시작詩作 40여 년에
비로소 찾은 나의 시
다른 시와 견주는 것이 아무 의미가 없는
나만의 시

지나가는 사람 아무에게나
마구 읽어주고 싶다

제대로 쓰고 있나
제대로 쓰고 있다

"아무에게나 마구 읽어 주고 싶은" 충동. 그 설렘, 두근거림에 시인의 '실존'이 놓여 있다. 예술가가 자기 작품을 창작하면 거리로 뛰쳐나가 혹은 건물의 옥상에 올라가, 깃발을 흔들 듯 자기 작품을 마구 소리 내어 외치고 싶은 충동을 느낀다. 그 충동은 내가 이런 작품을 썼으니 이것 좀 보아 달라는 간절한 절규의 외침이다. 세파에 찌들지 않은 작가일수록 이런 신선한 충동은 강렬하기 마련인데, 이러한 설렘은 세속에 닳고 닳은 명예욕과는 거리가 먼 것이다. 그것은 자기 작품만이, 그것도 지금 방금 쓴 작품만이 최고라는, 그래서 빨리 다른 사람에게 알리고 싶다는 손목에 뛰는 맥박처럼 자연스러운 충동이며, 시인의 살아 있음을 증거하는 생체 리듬 같은 것이다.

그러나 어이하랴. 이 이름 없는 무명의 시인은 자기가 쓴 작품을 세상에 알릴 길이 없다. 어디에서도 청탁서 한 장 날아오지 않고, 누구도 시 좀 보자고 하지 않는다. 결국 방법은 컴퓨터에 저장해 두었다가 몇 년도 더 지난 나중에, 그것도 운이 좋으면 시집으로 내는 수밖에 없다. 그래서 나는 앞에서 '실존'이라는 말을 쓴 것이다. 예나 지금이나 시인을 비롯한 예술가들이 처한 실존, 곧 받아들여야 할 숙명이 이와 같다는 것이다. 쓰는 대로 자기 작품을 발표할 수 있는 작가는 극소수이다. 변방에서 고독하게 그럼에도 포기하지 않고 그 실존의 칼날 위를 기꺼이 걷고자 하는 것. 이것이 바로 고독한 무명 작가가 안고 가야 할 숙명인 것이다.

그래서 나는 이 시의 마지막 연이 귀하다. "제대로 쓰고 있나/ 제대로 쓰고 있다"는 이 말은 자기 시에 대한 확신을 드러낸다. 자신의 고독한 처지와 숙명을 받아들이는 작가에게 남은 일이란 그야말로 '제대로' 쓰는 일이다. 쓴 글을 여기저기 발표하고, 그리하여 명예와 위세를 드높이고, 또 좋은 출판사에서 책이 나와 돈도 많이 벌면 좋겠지만, 그런 일은 나 같은 무명 시인과는 상관없는 일이다. 다만 이렇게 앞뒤가 꽉 막힌 상황에서 자기 의지로 할 수 있는 일은 시를 "제대로 쓰는" 일뿐이다.

5) 대중시의 요건

대중시가 갖춰야 할 핵심 요건으로 다음과 같은 점을 들 수 있겠다.

> ■ 짧다. ■ 쉽다. ■ 재밌다. ■ 공감(이해)된다. ■ 약자의 입장을 대변한다. ■ 한국인만이 아닌 세계인을 대상으로 쓴다. ■ 인간과 삶의 보편적 주제를 다룬다. ■ 실생활에 도움이 된다.

① 짧다

대중시는 짧아야 한다. 그 이유로 다음 두 가지를 들 수 있다.

첫째, 긴 시는 안 읽는다. 왜? 지루하니까. 긴장감이 떨어지니까. 자기 감정에 도취되어 시를 끝낼 줄 모르니까. 무슨 말인지 알 수 없으니까. 중언부언 같은 말이 반복되니까.

다음 시를 보자.

시 읽는 법

종이 시집이든
인터넷 시든
먼저 제목을 스윽
그다음 시의 분량을 스윽
길면 패스, 안 읽는다
짧은데 뭔가가 있어
마음을 바짝 끌어당기면
얼른 주워 시 주머니에 넣는다

시를 짧게 씀은 자신감이다. 장황하게 길게 쓰는 것은 자기가 지금 무슨 시를 쓰는지 모르고 쓰는 시이다. 언어를 무기로 하는 시는 애매모호한 말의 안개를 걷어내야 한다. 최대한 적은 단어로 최대한 많은 것을 말해야 한다. 그러기 위해서는 강력한 단어, 짧은 문장, 눈길을 끄는 표현, 깊은 여백으로 더 많은 것을 전달해야 한다. 위 시에서 "얼른 주워 시 주머니에 넣는다"고 했는데, 이 말은 그런 시를 만나면 시를 필사하거나 메모하거나 휴대폰에 저장해 기억의 창고에 오래 넣어 둔다는 말이다.

대중시는 생각을 분명하게 표현하고 그리하여 애매한 말의 소음을 뚫고 나가야 한다. 우리가 접하는 대부분의 시는 감상적인 단어, 장황한 서술로 인해 따분하고 산만하고 재미없고 거추장스럽다. 종잡을 수 없는 자기만의 감정으로 시를 모호하게 만든다. 정신을 혼미하게 하고 시에서 말하고자 하는 바가 무엇인지 알 수 없다. 간결함이 없다.

시의 완성이란 더할래야 더할 것이 없는 게 아니라, 뺄래야 더 이상 뺄 게 없는 것이다. 그러기 위해서는 짧고 강렬해야 한다. 최대한 적은 단어로 촌철살인의 시를 써야 한다. 괴테의 말이다. "진정한 시는 우리를 짓누르는 지상의 짐으로부터 우리를 해방시켜 줄 수 있어야 한다." 시를 읽고 스트레스를 받거나 짜증이 나면 누구도 시를 읽지 않을 것이다. 대중시는 진부하고 너절한 시들에 내리치는 벼락이 되어야 한다. 대중시는 날카로운 감각적 통증을 독자들이 느껴, 한 편의 시로 삶을 돌아보고, 삶에서 놓치고 있는 많은 것들을 되찾게 해 주어야 한다. 그것이 바로 제대로 된 대중시이다. 짧으면서 인생과 삶의 깊은 뜻을 담고 있어 교훈과 감동을 주는 시가 좋은 대중시이다.

시가 짧아야 하는 두 번째 이유는 시는 본래 형식이 짧았기 때문이다. 길고 장황한 시가 요즘 범람하는데 그런 시는 시의 본원에서 멀어져 있다. 환지본처還至本處라는 말이 있다. 불가에서 쓰는 말이다. 본래의 자리로 돌아온다는 뜻이다. 시와 관련하여 나는 이 말을 '환시본처還詩本處'로 변용해 쓰고 싶다. 시를 본래의 자리로 되돌려놓는다는 뜻이다.

시의 본래의 자리는 어디인가? 다시 말해 시의 원형은 어디에서 찾을 수 있을까? 나는 그것을 우리나라 고대 시가에서 찾는다. 고구려 유리왕이 지었다는「황조가」와 집단 서사시인「구지가」, 그리고 백수광부의 아내가 지었다는「공무도하가」가 그것이다.

「황조가」와 「공무도하가」는 서로 결은 다르지만 개인 서정을 토로한 시이다. 「구지가」는 공동체의 염원을 집단으로 드러낸다. 권력자에 맞서 입이 여럿이면 쇠도 녹인다는 진리를 보여준다. 앞의 두 작품은 개인의 정서 토로에 충실하고, 뒤의 「구지가」는 시의 사회성 발현에 충실하다.

그런데 위 세 작품은 짧고 직설적이다. 대부분 요즘 시처럼 시를 꾸미고 비틀고 비약하지 않는다. 왜 짧은가? 말하고자 하는 핵심에 육박해 들어가기 위해서다. 화살촉을 보라. 과녁을 뚫는 화살촉은 짧다. 또 짧기만 한 것이 아니라 끝이 예리하다. 과녁에 깊이 박히기 위해서다.

고대 시가에서 발전한 우리나라의 시는 신라의 향가를 거쳐 고려조의 가요 그리고 조선 시대의 시조로 발전했다. 여기서 한 가지 주시해야 할 것은 이들 형식이 모두가 짧고 간명하다는 것이다. 짧은 시로 일본의 하이쿠가 있지만, 하이쿠 못지않게 형식이 정제된 것으로 나는 우리나라의 고전 시가를 들고 싶다. 향가 역시 최대 10행을 넘지 않고, 시조 또한 일반적으로 3장을 넘지 않는다. 모두가 단형 서정시로 인간 삶의 희로애락을 낙차 있게 표현하고 있다. 이는 앞으로 대중시와 관련하여 더 연구해야 할 과제이다.

② 쉽다

인간의 삶이 복잡해지고 정서가 분화되고 다변화되면서 그에 바탕을 둔 현대 시 역시 복잡하고 난해해지는 경향이 있다. 물론 이런 시가 불필요하다는 것은 아니다. 문학은 시대를 반영하며 새로운 미적 추구를 위해 일반 대중의 이해보다는 작가의 미적 선취가 중요하기 때문이다. 그러나 이런 시대를 앞질러가는 선도적 시와는 다르게 자의식과 주관적 감정의 과잉에 의해, 혹은 작가 역량의 미숙함으로 인해 무슨 말을 하는지, 시의 의미조차 파악이 안 되는 시는 곤란하다.

대중시는 쉬워야 한다. 시인은 발견하는 사람이다. 일상의 곳곳에 숨어 있는 미(시)를 발견해, 그것을 자기만의 언어로 표현하여 독자에게 들려주는 사람이다. 시가 무엇인지 전혀 모르는 일반 대중까지를 독자로 한다면 시는 더더욱 쉬워야 한다. 왜냐면 시의 진정한 주인은 그 시를 쓴 시인이 아니라 독자이기 때문이다. 독자에게 버림받는 시는 죽은 시다. 독자는 시를 접하는 순간 그 시를 읽을지 말지 순간적으로 결정한다. 그때 무언가 강렬하게 끌어당기는 것이 없으면 패스. 이 당기는 것의 전제조건이 곧 이해와 공감이다. 이해와 공감이 이루어져야 그 시를 읽게 되는데, 그러기 위해서는 시가 쉬워야 한다.

알베르트 카뮈의 말이다. "분명하게 글을 쓰는 사람에겐 독자가 모이고, 모호하게 글을 쓰는 사람에겐 비평가가 몰려든다." 맞는 말이다. 대중시에는 비평가가 비평할 건더기가 없다. 이러쿵저러쿵 요모조모 따지고 시비 걸고 파헤쳐야 하는데, 그럴 게 없는 시가 대중시이다. 대중시는 시어가 분명하고 담고 있는 의미가 맑은 시내와 같아서 분석하고 따질 여지가 없다. 읽는 순간 의미가 밑바닥까지 훤히 다 보이고, 아, 좋네, 그렇네, 내 얘기네, 이렇게 공감한다. 그런데 여기서 한 가지 오해하지 말아야 할 것이 있다. 대중시에 대해 비평할 게 없다는 말은 문학적으로 비평할 것이 없다는 말이지, 그 시에 대한 감상을 쓸 수 없다는 말이 아니다. 오히려 대중시는 인생의 깊이를 드러내기에, 읽은 소감을 쓴다면 인생 전반에 대해 말할 수 있고, 그런 만큼 대중시에 대해 제대로 된 감상을 쓰기 위해서는 문학적 소양뿐만 아니라 인생과 삶에 대한 깊은 통찰이 있어야 한다.

헤밍웨이는 읽기 쉬운 글이 쓰기는 어렵다고 했다. 저자의

◀ 마트에 있는 〈부탁〉이라는 시.

 자의식과 지식 수준 인생관 세계관 등을 낮추고(버리고), 독자의 눈높이에 맞게 글을 쓰기는 무척 어렵다. 그러나 그렇게 써야 쉬운 글이 된다. 글의 의미를 파악하기 위해 읽고 또 읽어도 모호한 말의 안개에 싸여 있는 시는 전문 작가나 비평가라면 몰라도 일반 대중은 안 읽는다. 그러잖아도 바쁘고 피곤한 세상인데 그런 시를 읽을 이유가 없는 것이다.

 얼마 전 집 앞에 있는 마트에 갔다. 그곳에서 물건 포장하는 알바 아주머니의 책상에 나태주 시인의 「부탁」이라는 시가 놓여 있었다. 나는 하도 신기해 그 분에게 나태주 시인을 아느냐고 물으니 모른다고 했다. 어떻게 이 시를 알게 되었냐고 다시 물으니 주인아줌마가 알려줘서 알게 되었다고 했다. 그러면서

107

시가 마음에 들어 써붙여 놓았다고 했다.

부탁

　　　　나태주

너무 멀리까지는 가지 말아라
사랑아

모습 보이는 곳까지만
목소리 들리는 곳까지만 가거라

돌아오는 길 잊을까 걱정이다
사랑아.

내가 말하는 대중시란 바로 이와 같은 것이다. 독자가 주인인 시. 쉽고 짧고 단순해서 일상에서 효과적으로 쓸 수 있는 시. 요점만 말해 전하고자 하는 의미가 분명한 시. 내 시도 이렇게 독자들에게 다가가 그들과 함께하길 바란다.

③ 재밌다

시를 쓰면서 가장 어렵게 느끼는 것은 시를 재밌게 쓰는 일이다. 재밌는 시를 쓰는 일이 가장 어렵다. 사람은 무슨 일이든 재밌는 일에 끌린다. 일상이 팍팍하고 고달플수록 쉴 참에 찾는 것은 재밌는 것이다. 그런 의미에서 예술(시)도 하나의 엔터테인먼트가 되어야 한다. 엔터테인먼트란 오락 또는 연예로 사람들에게 즐거움을 주는 행위를 말한다. 시도 독자에게 즐거움을 주어야 한다. 시인이 하고 싶은 말만 잔뜩 늘어놓는 시는 독자가 외면한다. 짧고 단순하고 쉽되 무언가 끌어당김이 있는 시, 그래서 지나치려다 다시 한번 읽게 되는 시, 필사하거나 휴대폰에 저장해 두는 시, 액자에 넣어 자기 책상에 놓아두는 그런 시가 되어야 한다.

시가 재밌기 위해서는 시가 복잡하고 애매하고 평범해서는 안 된다. 시를 쓰고나서 시인은 스스로에게 물어야 한다. 이 시는 좋은 시인가? 좋다라는 말에는 이 시는 재밌는 시인가, 라는 말이 포함되어 있다. 재밌다고 해서 개그나 유머 같아야 한다는 것은 아니다. 시의 품격을 잃지 않되 재미라는 효율성까지 갖추어야 한다는 말이다. 아래 시는 내가 쓴 시 가운데 시가 재밌다는 말을 들은 몇 편이다.

장미꽃과 가시

꽃이 피는데
네가 한 일이 뭐 있냐고
잎들이 가시에게 손가락질하였다
햇빛은 따스한 손길로 온기를 가져다주고
물은 한낮의 목마름을 달래주고
바람은 살랑살랑
열 오른 이마를 식혀주지만
가시 너는 날카로운 눈빛이나 번뜩일 뿐

그때였다
맥없이 의기소침한 가시에게
장미꽃이 속삭였다

고마워, 그래도 나는
너를 믿고 피어났거든.

돈

돈 욕심이 없는 사람들의 나라에서
돈은 별로 쓸모가 없었다
낙엽처럼 굴러다녀도
아무도 줍지 않았다
이런 푸대접을 받아보긴 처음이었다
돈은 놀랍고 서글펐다
돈 밝히는 나라에 가서
다시 으스대며 살고 싶었다.

④ 약자의 권익을 옹호한다

시인이 시를 쓰고 발표하는 행위는 어떤 경우에도 정치적이다. 아무리 자기 자신과 자기가 쓴 시는 정치와 무관하다 해도 정치적 행위를 벗어날 수 없다. 우리가 자본주의 사회에 사는 이상 자본의 영향력을 벗어나 살 수 없듯이, 어떤 문학도 정치적 편향에서 자유로울 수 없다. 모든 문학 행위는 이런 정치적 편향을 무시하고는 성립되지 않는다. 다시 말해 한 개인의 문학 행위는 '본질적'으로 원튼 원하지 않든 계급사회에서 지배계급의 입장을 대변하든가 아니면 피지배자의 편에서 그들의 이익을 대변하든가 둘 중에 하나라는 것이다.

어느 시대에도 자본과 지배자의 정치는 문학을 간섭했다. 다만 그것이 파쇼적 폭력적인 형태로 이루어지기도 했고, 또 은근한 지배이데올로기의 형태로 이루어졌다는 점이 다를 뿐이다. 이른바 '순수'라는 이름의 문학도 정치적으로 무관하다고 여기겠지만, 오히려 그럴수록 지배이데올로기 편에서 그것을 강화하는 역할을 해 왔다. 문학이 현실에 침묵해서는 안 되는 이유가 여기에 있다. 아무리 시대가 바뀌었다 해도, 그리하여 대부분의 시가 사랑과 자연과 그리움과 애틋함을 노래하는 '주관적 서정'으로 바뀌었다 해도, 이 사회에 힘없이 상처받고 소외된 사람들이 존재하는 한, 시인은 어떻게 그들의 처지와 입장을 대변하고 그들과 연대할 수 있는가를 끊임없이 고민해야 한다.

혹자는 말한다. 이제 시대가 바뀌었다고. 독자들이 원하는 시는 예전의 민중시처럼 비장하고 딱딱하고 거칠고 심각한 시가 아니라고. 옳은 말이다. 나 역시 전과 같이 딱딱하고 거친 시를 쓰자는 게 아니다. 표현과 형식은 새롭게 달라져야 한다.

그러나 시인의 의무는 바뀌지 않아야 한다. 문학은, 특히 시는 약자의 처지를 대변하는 언어가 되어야 한다. 어느 세상에나 주류의 원 밖으로 밀려나 있는 사람들, 추위에 떨며 겨울을 나는 사람들, 첫차를 타기 위해 새벽에 일어나는 사람들, 혼자 외로운 사람들, 가난하고 헐벗은 사람들, 존재감 없이 휴지처럼 구겨진 사람들이 있게 마련이다. 이들은 연대할 수도 없다. 연대라는 것도 힘이 있어야 가능하기 때문이다. 이런 사람들이 곧 사회적 약자이다. 이들의 처지가 사회적으로 형성되었기에 사회적 약자라고 한다.

 대중시는 약자의 편에 서서 약자의 권익을 옹호하는 시가 되어야 한다. 모든 시는 사회적 행위의 결과물이며 시는 그 사회가 요구하는 시대적 가치를 반영한다. 그러기에 시는 시인의 의도와는 상관없이 지배계급의 요구를 반영하든가 일반 대중의 권익을 대변하든가 둘 중의 하나에 기여하게 된다. 요즘 그리움과 사랑을 기본 정서로 한 순수 서정시 계열의 짧고 쉽게 쓴 시들이 많이 나오고 있는데, 시가 짧고 쉽다고 해서 대중시로 보기는 어렵다. 대중시의 가장 큰 역할은 정서적으로 사회적 약자의 편에 서는 것이다. 과거 민중시가 지녔던 한계를 극복해 민중시의 부족했던 점을 보완 발전해 나아가는 시가 되어야 한다. 민중시가 사회적 저항에 따른 구호에 가까운 날카로운 예각의 시였다면, 대중시는 보다 인간의 존재와 삶의 총체성을 담아내는 포용의 시가 되어야 한다. 다시 말해 기층민중의 이익뿐만 아니라 휴머니즘에 기반한 인간 삶의 본질까지 담아내, 한국인뿐만 아니라 세계인이 공감할 수 있는 보편성을 갖는 시가 되어야 한다.

수돗물

부자들이
샤워하고 걸레 빨고 강아지나 씻기는
수돗물을
냄비에 주전자에 받아
국 끓이고 커피 물 끓이는
사람들이 안쓰러워
오늘도 수돗물은 개수대를
황급히 빠져나간다

수돗물을 소재로 부자와 가난한 자의 삶을 대조적으로 표현했다. 하지만 두 계층의 삶이 동등한 것은 아니다. "안쓰럽다"

는 말과 "황급히 빠져나간다는 말"에서 수돗물은 약자를 연민하고 약자의 편에 서 있음을 알 수 있다. 물론 그것은 시인의 정서이자 시인의 입장이다.

시의 운명은 몇 초 안에 결정된다. 버려질 것인지 아니면 독자의 시 주머니에 들어갈 것인지. 그러니 짧은 순간에 시는 모든 것을 독자에게 말해야 한다. 그러기 위해서는 감정 정서 의미 모든 것을 절규하듯 쏟아내야 한다. 망설이고 머뭇거릴 틈이 없다. 그래서 대중시는 바람에 흔들리는 풀꽃과 같다. "나 여기 있어요. 나 좀 봐 주세요", 하며 온몸을 흔드는 광활한 들판의 야생화와 같은 것이다.

⑤ 인간 삶의 보편적 주제를 다룬다

대중시는 한국인만이 아닌 세계인을 대상으로 써야 한다. 한국인만이 공감할 수 있는 시가 아닌 세계 어느 나라 사람이 읽어도 이해하고 공감할 수 있는 시가 되어야 한다. 한국시에서 세계시로 외연이 넓어져야 한다. 그러기 위해 공부해야 할 것이 세 가지가 있다.

첫째. 정서의 보편성이다. 한국인의 정서에서 세계인의 정서로 정서의 영역이 넓어져야 한다. 한국적 정서, 이를테면 정한情恨이나 그리움, 사랑, 애조哀調, 시에서의 여백(이는 아마도 동양화의 영향을 받은 것이 아닐까?)과 같은 정서에서 세계인의 일반적이고 보편적인 정서로 넓어져야 한다.

둘째, 내용(주제)의 보편성이다. 시에서 다루는 내용이 세계인 누구라도 공감할 수 있는 것이어야 한다.

셋째, 표현의 보편성이다. 시의 문장이 평범하고 명료해야 한다. 의미전달이 쉬워야 하고 그러기 위해서는 표현이 단순하고 소박해야 한다. 아무리 시라 할지라도 의미가 난해한 문장, 비약이 심한 문장, 비틀린 문장, 이중 삼중의 중첩된 의미, 오리무중의 표현은 곤란하다.

모래알 하나

모래알 하나가
자꾸 신경에 거슬린다
언제 신발에 들어갔는지
걸을 때마다 발바닥에 박인다
그렇구나, 나를 괴롭히는 것은

큰 바위가 아닌

작은 모래알이었구나

누구나 사람은 살면서 정치나 경제 사회 문화 국제질서 등 큰 차원의 문제로 고통을 받는 것이 아니다. 이런 일들은 장기적인 면에서 삶에 영향을 미치기는 하지만, 하루하루 실생활에 직접적인 고통을 주지는 않는다. 이가 아파 치과에 가거나, 추운 겨울 난방이 안 되거나, 변기에 물이 막힌 일과 같이 사소한 일로 사람은 고통받는다. 그리고 이런 일은 한국인뿐만 아니라 세계인 모두가 공통으로 겪는 일이다. 다시 말해 한국인이나 동남아시아 사람이나 유럽인이나 아프리카 사람이나 모두가 '큰 바위'가 아닌 작은 '모래알 하나'로 생활 속에 더 큰 고통을 느낀다. 내가 말하는 시의 보편성이란 이와 같은 것이다. 대중시는 세계인 누구나 공감할 수 있는 시가 되어야 한다.

⑥ 실생활에 도움이 된다

좋은 대중시는 우리의 정서를 고양하고 세상을 살아갈 에너지를 북돋는다. 누구나 살아가면서 거울이나 스탠드, 컴퓨터 자판이나 일기장 표지 같은 곳에 삶의 지침이 될 문구 한 구절을 써 놓고 아침저녁으로 마음에 새긴 일이 있을 것이다. 그리고 또 실제로 삶의 좌표가 될 그런 문구들이 힘든 시기를 건너게 하는 힘으로 작용했음을 느꼈을 것이다.

대중시도 그러해야 한다. 실제 생활에 도움을 주어야 한다. 때때로 살아가면서 그 시를 외우고, 의미를 되새겨 위안을 받고 힘을 얻을 수 있어야 한다.

아침 세수

아침에 세수하는 것은
얼굴에 무엇이 묻어서가 아니다
지난밤 어수선한 꿈을 씻고
새롭게 하루를 시작하기 위해서다.
방금 씻고 난
너의 맑은 얼굴이
세상을 아름답게도 하고
눈물 나게도 한다.

나는 아침에 세수할 때마다 이 시를 떠올린다. 짧고 쉬워서 자연스럽게 머릿속에 암기되어 있다. 그러면서 지난 밤 꿈자리가 어수선할 때 이 시를 떠올리며 세수를 하면 찝찝했던 기분이 말끔히 가심을 느낀다. 심기일전! 아침 찬물에 깨끗이 씻은 얼굴이 밖에 나가 "세상을 아름답게도 하고/ 눈물 나게도 한다". 그러니 나는 당연히 세상을 아름답게 해야지, 라는 생각을 갖게 되는 것이다.

6) 대중시 작법

그렇다면 대중시를 어떻게 써야 할까? 내 경험을 바탕으로 이야기해 보겠다.

① 일기 쓰듯 매일 쓴다

나는 시를 시간을 정해 놓고 쓴다. 하루 일과 중 오후에 한 시간에서 한 시간 반 정도. '시의 시간'을 마련해 놓고 매일 그 시간에 시를 쓰고 읽고 고치고 다듬는다. 이 일은 특별한 일이 없는 한 거의 매일 루틴으로 이루어진다. 혹자는 영감이 떠올라야 시를 쓴다고 하는데 나는 이 말을 믿지 않는다. 나는 시도 꾸준한 작업 가운데 좋은 시가 나온다고 생각한다. 나의 이런 시 쓰기 루틴은 퇴직 후 형성된 것이다. 5년제 인생대학에 들어가 시 공부를 본격적으로 하면서 형성된 중요한 습관이다. 나에게 주어지는 하루하루, 특히 인생대학에 다니면서 맞는 하루하루는 좋은 시를 써야 한다는 초조함이자 절박한 하루다. 하루가 간다는 것은 건강한 상태에서 내가 하고 싶은 일을 할 수 있는 날이 그만큼 줄어드는 것을 의미한다. 그러니 그 시간을 허투루 보낼 수 없다.

② 기록한다

'적자생존'이라는 말이 있다. 적는 자 살아남는다는 말이다. 기록은 메모와 같은 뜻이지만 메모보다는 훨씬 뜻하는 바가 깊다. 우리의 모든 일상은 잘려나간 손톱처럼 흔적조차 남기지 않고 사라진다. 시 역시 마찬가지이다. 그때 그때마다 발견하는 시의 '씨앗'을 기록해야 한다. 시의 씨앗은 생활 도처에 널려 있다. 시인은 일상의 사소한 것들 속에 숨어 있는 시의 씨앗을 '발견'하여 자기만의 특별한 시로 만들어 독자에게 보여 주는 사람이다. 시의 씨앗은 그야말로 보고 듣고 느끼고 체험하는 모든 신체적 정신적 활동 속에 있다. 앞에서 나는 '시 주머니'라는 표현을 한 적이 있는데, 내가 발견한 시의 씨앗을 나는 바로 나의 '시 주머니' 속에 넣는다. 시 주머니는 휴대폰의 메모장일 수도 있고, 종이에 하는 메모일 수도 있고, 잊지 않으려고 머릿속에 암기하는 것일 수도 있다. 스쳐 지나가는 시의 씨앗을 기록하지 않으면, 그 씨앗은 자기만의 시로 발아되지 못한다. 기록되지 않은 것은 내 것이 아니다.

산에 갔을 때, 산책할 때, 책을 읽을 때, 영화 볼 때, TV 볼 때, 신문 볼 때, 혼술 한잔할 때, 다른 사람의 시를 읽을 때, 언제 어디서든 시의 씨앗은 발견된다. 그 씨앗은 한 단어로, 한 구절로, 어느 땐 시 한 편이 통째로 오기도 한다. 물론 나는 어느 상황에서든 불쑥 나타나는 시의 씨앗을 잡아채기 위해 나만의 감각을 벼리고 있다. 스치기만 해도 종이가 베어지는 칼날처럼 평소에도 감각의 날이 예리하게 세워져 있다.

오늘

아직 내일을 안 살았으니
오늘이 인생에 최고로 젊고

어제보다 하루 더 살았으니

오늘이 인생에 최고로 늙었네

최고의 젊음과 최고의 늙음이
교차하는 오늘
하마터면 오지 않을 뻔한 오늘.

이 시는 MBN 교양프로 〈나는 자연인이다〉를 볼 때 방송에 자연인(여성)으로 나온 사람이 한 말을 그대로 받아 적고, 제목과 3연만 내가 붙여 만든 것이다. "내일을 안 살았으니 오늘이 최고로 젊고, 어제보다 하루를 더 살았으니 오늘이 최고로 늙었다"는 말을 듣고, 아, 이것은 시다라는 감이 와, 그 순간 그것을 포착해 기록해둔 다음, 나중에 한 편의 시로 만든 것이다. 이 시를 읽고 사람들의 반응은 특히 마지막 구절이 좋다고 했다. "하마터면 오지 않을 뻔한 오늘"이라는 말이 위기사회를 살아가는 독자들에게 실감나게 다가간 것이다.

기록한다는 것은 이와 같은 것이다. 생활 속에 숨어 있는 시의 씨앗을 발견하는 순간 시인의 감각은 그것을 놓치지 않고 포착해 기록하였다가, 나중에 한 편의 시로 완성하여 그것을 다시 독자들에게 돌려주는 것이다.

③ 쉽게 쓴다

대중시는 쉽게 써야 한다. 대중시는 표현이 소박해야 한다. 등단을 마친 전문 시인이나 평론가보다는 일반 대중을 대상으로 쓰는 시이기 때문이다. 많은 현대시들이 현학적인 말과 고급스런 비유, 기발한 착상, 상징, 복잡한 의미, 유장한 표현으로 시의 품격을 높이려 하지만, 대중시는 그렇지 않다. 그런 시는 이미 전문 시인들 사이에나 통용되는 것이다. 대중시는 그런 전문 시와는 거리가 멀다. 아니 오히려 그런 기존의 시의 문법에서 멀어져야 한다. 대중시는 쉽고 투박하고 있는 그대로를 그 뜻이 분명하게 일반 대중의 눈높이에 맞게 표현되어야 한다. 이것이 대중시의 제1 조건이다. 노동하는, 농사짓는, 장사하는, 알바하는, 그리고 한국인뿐만 아니라 세계인 누가 읽어도 그 자리에서 고개를 끄덕일 수 있어야 한다. 그러려면 시가 쉬워야 하고 보편적이어야 한다. 보고 듣고 느끼고 실제로 행한 일을 바탕으로 말하듯이 써야 한다. 애매한 문장보다는 자기 생각을 정확하게 드러내는 문장으로 써야 시가 쉬워진다.

④ 짧게 쓴다

대중시는 짧다. 앞에서 누누히 이야기했지만, 시가 짧아야 할 이유는 간단하다. 긴 시는 안 읽기 때문이다. 긴 시는 자칫 긴장이 풀어져 있고, 시상의 전개가 늘어져 있으며, 중언부언 하여 지루할 수 있다. 요즘처럼 변화의 폭이 큰 사회에서 시가 살아남으려면 짧아야 한다. 짧을수록 시의 눈빛은 강렬하다. 깨끗하고 단아하다. 미사여구로 시를 꾸미지 않고 어설프게 비틀지 않는다. 짧은 시는 화살촉과 같다. 과녁을 뚫는 화살촉 은 손가락 두 마디 정도의 길이이다. 그 짧은 화살촉이 과녁을 뚫는다. 시가 화살촉처럼 짧아야 드러내고자 하는 핵심에 육 박해 갈 수 있다. 시가 길면 말의 안개에 휩싸여 무슨 말을 하 는지 가늠하기 어렵다. 어쩌면 그 시를 쓴 시인 자신도 자기가 무슨 말을 하는지 모를 수도 있다. 장황하고 지루하고 군더더 기가 붙은 시를 누가 읽겠는가?

여기서 한 가지 중요한 것이 있다. 시를 짧게 쓴다고 해서 마치 낙서하듯, 혹은 어떤 번뜩이는 생각을 메모한 듯, 그렇 게 써서는 안 된다. 아무리 짧은 시라도 시 안에는 하나의 완 결된 구조가 있어야 한다. 완결성이란 시 한 편에 하나의 표현하고자 하는 중심 생각이 시의 구조 속에 녹아 들어있는 것을 말한다. 아무리 짧아도 그 시 속에 의미, 정서, 시적 분위기, 서사구조가 있어야 한다. 그런 시적인 구조를 갖추어야 좋은 시이며, 그래야 독자는 그 시에 집중하고 그 시를 인상 깊게 가슴에 새긴다.

대중시에서의 서사구조란 시 속에 이야기가 시작되는 부분(기-승)이 있고 전환이 있으며(전), 시를 끝맺는 부분(결)이 있음을 말한다. 이 서사구조를 제대로 갖추지 않으면 시가 낙서나 메모해 놓은 듯 보여 시의 격을 떨어뜨리고 자칫 말장난에 그칠 수 있다.

시를 짧게 쓰는 것과 관련하여 우리나라의 고대 시가나 향가, 시조 등에 대해 더 연구할 필요가 있다. 그리고 일본의 하이쿠나 서양의 소네트 양식도 공부해야 한다. 짧으면서 한 편의 시로서의 완결성을 어떻게 구사하고 있는지에 대해 더 살필 필요가 있다.

또 대중시를 쓰면서 유의해야 할 게 있다. 앞에서 시의 완결성에 대해 이야기했는데, 시가 짧다 보니 시의 3대 요소 중 하나인 의미만 강조되고 나머지 이미지나 리듬(운율)를 살리기 어렵다는 것이다. 일본 시인 다니카와 슌타로는 이런 말을 했다. "시는 몸(身體)을 지니고 있다. 시가 전하는 것이 의미뿐이라면, 시는 두뇌만 가지게 될 것이다. 그런데 시는 의미를 넘는 존재를 언어로 만들려고 하는 것이다. 골격뿐만 아니라, 시에는 내장, 근육, 피부, 분비액까지 당연히 있다. 시의 목소리를 듣는 것은 에로스적 체험이기 때문에. 알고 모르는 것도 중요하지만, 맛있는가 맛 없는가 하는 것이, 시에서는 더욱 중요하지 않은가."

시에는 의미뿐만 아니라 운치(분위기 톤)도 중요하다는 말이다. 이는 시를 짧게 쓰는 사람들이 새겨들어야 할 말이다. 짧은 시는 의미 전달을 지나치게 앞세워, 시만이 가질 수 있는 리듬이나 운치 등을 소홀히 해, 자칫 시의 풍미가 얕거나 없을 수 있다. 그러다 보면 시가 단조로워져 시의 깊은 맛을 느끼기 어렵다. 따라서 대중시를 쓸 때는 이 점에 유의하여 메시지(의미) 전달이나 이야기의 골격에만 신경 쓰지 말고, 짧으면서도 시의 정취가 살아나도록 해야 한다. 그런 면에서 앞으로 더 우리 문학 작품 가운데「공무도하가」나「제망매가」, 황진이, 이조년, 홍랑의 시조 등에 대한 공부가 있어야 할 것이다. 길고 짧음을 떠나 시의 맛과 품격을 느낄 수 없다면 독자들은 그런 시를 외면할 것이다.

⑤ 직설적으로 쓴다

직설적으로 쓴다는 것은 시를 처음부터 팍 터뜨리듯이 쓴다는 말이다. 시를 시작하는 도입부 없이 처음부터 본론으로 치고 들어가는 것이다. 그러기 위해서는 처음부터 하고자 하는 말을 단도직입으로 쏟아내야 한다. 그리고 시의 문장은 짧고 강력해야 한다. 그래야 의미가 분명해지고 독자에게 깊은 인상을 남길 수 있다. 현학적으로 멋을 부리거나 미사여구를 동원해 꾸미거나, 고도의 상징, 비유, 우회적 간접적 표현, 중층적인 의미, 긴 문장 등은 자제해야 한다. 그런데 여기서 한 가지 오해하지 말아야 할 것은 아무리 시를 직설적으로 쓴다 해서 비유나 상징 같은 시의 기법을 사용하지 말라는 것이 아니다. 아마 이 점이 대중시가 문해교실 할머니들이 쓴 시나 초등학생들이 쓴 시와 차이가 나는 점일 것이다.

필요하다면 얼마든지 써라. 적절한 비유나 상징은 시의 격을 당연히 높여준다. 다만 뒤틀리고 부자연스러운 비유나 자기만이 아는 상징은 대중시를 쓰는데 분명한 방해 요소이기에 자제해야 한다. 현란한 비유나 고도의 상징은 시를 읽고 이해하는 데 장벽이 될 수 있다. 이런 말이 있다. "당신이 해야 할 일은 진실한 문장 하나를 쓰는 것뿐이다. 당신이 알고 있는 가장 진실한 문장을 말이다." 어니스트 헤밍웨이의 말이다. 이 말은 시에서도 적용된다. 진실한 말은 쉽고 단순하고 명료하다. 다음을 보자.

용기

요한 괴테

신선한 공기, 빛나는 태양,
맑은 물, 그리고
친구들의 사랑
이것만 있거든 낙담하지 마라.

짧고 단순한데 울림이 크다. 시를 시작하면서 그 시를 이끌기 위한 도입부(인트로) 자체가 아예 없다. 처음부터 곧바로 본론이다. 비유도 상징도 미사여구도 없이 하고자 하는 말만 하고 끝낸다. 진실한 문장, 단순한 문장, 그래서 의미가 명확한 문장이다. 그러면서 어느 시보다 삶의 의지를 고취시킨다. 실패와 그에 따른 절망이 일상적인 삶에서, 살아 있다면 그리고 친구들의 사랑이 있다면 절망하지 말라는 메시지가 화살촉처럼 가슴에 와 닿는다.

목

김용화

산다는 것은
목을 내놓는 일이다

목을 씻고 하늘을
우러르는 일이다

저녁에 돌아오며
목을 만져 보는 일이다

이 시 역시 툭 내뱉듯 시작하고 있다. 오랜 삶의 경험에서 얻은 깨달음이 앞에 이런저런 설명이나 감정의 도입 없이 곧바로 본론으로 치고 들어간다. 그리하여 시를 읽는 독자를 더 시에 긴장하고 집중하게 한다. 시인에게 치열하게 살아가는 하루하루는 "저녁에 돌아오며/ 목을 만져 보는 일"이다. 그만큼 그날그날의 삶이 백척간두의 칼날 위를 걷는 위태로움이요,

살아남기 위한 처절한 몸부림임을 불과 6행의 짧은 시로 표현하고 있다.

시를 직설적으로 쓴다는 것은 참았던 숨이 어느 순간 팍! 하고 터져 나오듯 쓴다는 말이다. 실제로 시는 응축된 감정이 순간적으로 터져 나오는 것이다. 그리하여 시는 설명적이지 않고 순간적이며 폭발적이다. 폴 발레리였던가? 시는 춤이고 산문은 산책이라는 말을 한 사람이? 시를 직설적으로 쓴다는 말은 시를 쉽고 짧게 쓴다는 말과도 통하는 말이다. 자신감이 없으면 시를 짧고 직설적으로 쓰기 어렵다. 가슴에 쌓인 것이 많지 않거나 자신감 없는 사람의 시는 장황하고 너저분하며 말잔치가 무성해 겉으로는 그럴듯해 보이지만 감동은 없다.

⑥ 시에 요처要處가 있어야 한다

요처란 말 그대로 중심이 되는 '핵심처'라는 뜻이다. 대중시에는 요처가 있어야 한다. 독자를 끌어당기고 감동하게 하는 강렬한 부분이 있어야 한다. 요처가 없는 시는 맹탕이 되기 쉽다. 시인의 역량은 이 요처에서 드러난다. 사물을 새롭게 보는 독자적인 인식과 세계관, 인생관, 그가 어떤 삶을 살아왔는지,

그리고 그의 사상과 주된 정서와 삶을 대하는 태도 등은 어떠한지를 독자는 이 요처를 통해 알 수 있다.

요처는 강력한 단어 하나, 한 구절, 한 문장을 통해 드러난다. 대중시에 요처가 없으면 아무도 그 시를 기억하지 못한다. 한 단어, 날카로운 표현, 임팩트한 문장, 새로운 세계의 환기, 삶을 대하는 시인의 태도와 사상, 시선의 새로움 등 무엇 하나라도 있어야 독자의 시선을 사로잡을 수 있다.

다른 시도 그렇지만 대중시는 단 몇 초 사이 시가 버려질지 아니면 읽힐지가 결정된다. 다시 말해 그 시의 운명이 처음 시를 대하는 몇 초 안에 판가름 난다. 제목과 첫행 그리고 마지막 행이 그래서 중요하다. 독자는 제목과 첫행 그리고 끝행에서 이 시를 읽어야 할지 말지를 결정한다. 따라서 시가 길고 복잡하고 애매하고 평범해서는 안 된다. 대중시에는 여기를 봐주세요, 이 시를 읽어주세요, 하고 외치는 입이 있어야 한다. 그곳이 바로 '요처'다. 시의 눈, 시의 숨구멍, 한 편의 시에 찍은 화룡점정이 대중시의 요처이다.

대중시의 요처는 한 단어, 한 구절, 한 문장으로 표현되기도 하고, 시 전체가 하나의 요처가 되기도 한다. 한 단어로 된 경우를 보자.

시시비비

검은 콩과 흰 콩에는 시시비비가 없다
붕어와 참새에는 시시비비가 없다
자잘한 인간일수록 시시비비가 많다

이 시에서의 요체는 '자잘한'라는 말이다. 시시비비는 옳고 그름을 가리는 일이다. 사람이 살다 보면 여러 상황에 처하게 되고, 그때 필요하다면 시시비비를 가려야 한다. 그런데 가정에서든 직장에서든 옳고 그름을 지나치게 가려 늘 따따부따 언쟁을 일삼고 잘잘못을 추궁한다면 삶이 피곤해진다. 자연에는 이런 시시비비가 없다. 인간만이 그것도 '자잘한' 소인小人배들이 파당을 지어 때로 몰려다니며 시시비비에 집착한다.

다음은 한 구절, 혹은 한 문장으로 된 경우이다.

너도 그러냐

나이 들수록
무슨 일에 흥미가 확 일다가도

에이, 그거 해서 뭐해

주저하고 망설이다

사나흘 지나면 없던 일 된다

그럴 때마다 꺼지는

삶의 불꽃

나도 그런데

너도 그러냐.

이 시의 요처는 '삶의 불꽃'이라는 구절이다. 사람이 나이 들면서 겪게 되는 일반적인 현상을 쓴 시이다. 무슨 일인가 하려다 귀찮아서 혹은 흥미를 잃어 그만두는 일이 다반사인 경우, 그럴 때마다 삶의 활력, 의욕, 에너지가 꺼진다는 것이다.

시 전체가 하나의 요처가 되는 경우도 있다.

포스트잇

오늘도 빽빽한

당신 삶의 앞모습

텅 비어 보이지 않는

당신 뒷모습.

시 「포스트잇」은 일상에 매몰된 현대인의 삶을 드러낸다. 눈앞에 보이는 일에 치여 정신없이 살아가지만 진정한 자신은 포스트잇의 뒷면처럼 텅 비어 공허하다는 것이다.

너무 많이 버린다

우린 버려도 너무 많이 버린다

강아지도 버리고
멀쩡한 소파도 버리고
애인도 갖다 버린다

새것을 구하려다
누더기가 된다.

이 시의 요처는 마지막 연이다. "새것을 구하려다/ 누더기가 된다"는 문장으로 '새것'과 '누더기'의 대조적 표현으로 풍

요로운 소비사회의 문제를 역설적으로 표현하고 있다.

대중시의 요처는 이처럼 중요하다. 한 편의 시를 시답게 하는 핵심처이기에 더욱 그러하다. 대중시가 쉽고 짧지만 좋은 시가 되기 어려운 것은 한 편의 시에 이 요처를 두기 어렵기 때문이다. 그래서 대중시의 요처는 시의 눈이자 숨구멍이자 울음터이자 감동처이다. 시의 강렬함이 가장 극대화되는 지점이 바로 요처이다. 요처를 중심으로 시의 의미와 공감과 감동이 동심원처럼 퍼져나간다. 돌에 기대어 어는 살얼음처럼, 한 편의 대중시는 요처를 중심으로 시가 전개된다. 그만큼 요처는 대중시 쓰기에서 중요하다.

⑦ 평범한 듯 비범하게 쓴다

대중시는 그야말로 대중적이어야 한다. 대중시는 이른바 전문 시인들이 쓰는 시와 달라야 한다. 앞서 말한 대로 쉽고 직설적이고 단순해야 한다. 시가 짧아도 의미가 모호하거나 너무 기교적이어서는 안 된다. 대중시는 어디까지나 일하는 일반 대중을 위한 시가 되어야 한다. 그들이 시를 읽을 수 없는 처지에 있다 하더라도 사회적 약자인 그들을 외면해서는 안 된다. 그래서 대중시는 자칫 평론가나 전문 시인들로부터 배척당할 수 있다. 왜냐면 시가 시 같지 않기 때문이다. 이게 무슨 시야,

시가 왜 이래, 이건 시에 대한 모독이다, 와 같은 볼멘소리가 터져 나오기 때문이다.

그러나 대중시는 바로 그 지점, 시 같지 않은 시, 이게 무슨 시야, 라는 바로 그 평범함, 문해교실 할머니들이 쓴 시 같은, 초등학생이 쓴 시 같은, 너무 평범해서 설명이 필요 없고, 너무 쉬워서 금방 이해가 되는, 바로 그 지점에서 출발한다. 그것이 대중시의 평범함이다. 그러나 그 평범함으로만 그쳐서는 안 된다. 평범함 속에 시의 '요처'를 통해 날카로운 감각적 표현이나 깊은 성찰에서 우러나오는 인생의 지혜, 한국인만이 아닌 세계인 누구라도 공감할 수 있는 삶의 보편적인 문제가 담겨 있어야 한다. 그것이 바로 대중시의 비범함이다. 대중시가 쓰기 쉬우면서 어려운 지점이다. 헤밍웨이의 말이다. "읽기 쉬운 글이 쓰기 어렵다." 다음 시를 보자.

오늘
　　　　　마리오 베네데티(류시화 역)

많은 어제와
많은 내일이 있다.

그러나

많은 오늘은

없다.

　많은 오늘은/ 없다." 이 격언 같은 한 문장이 우리의 가슴을 들이친다. 아무리 여타의 많은 것을 가졌어도 많은 오늘을 가진 사람은 없다. 이 인생에 대한 낙차 있는 인식과 표현은 우리로 하여금 자기 삶을 되돌아보고, 삶의 본질이 무엇인가에 대해 다시 생각하게 한다.

　이처럼 대중시는 간결하다. 시어 선택과 문장에 불필요한 게 없다. 간결하지 않으면 시가 강력해질 수 없다. 일부 시인들은 시에다 자꾸 무언가를 덧붙이면서 자기 자신과 불안을 숨기려 한다. 한마디로 자신이 없기 때문에 장황하며, 그러다 보면 자기가 무엇을 썼는지 자기도 모르는 상황에 놓이게 된다. 대중시는 간단하고 명료하고 직설적으로 내뱉듯이 써야 한다. 그래야 시의 뼈와 내장 실핏줄까지 훤히 다 보인다. 그래야 독자에게 진정성과 공감을 줄 수 있다.

　평범하되 비범한 대중시를 쓰려면 구체적으로 어떻게 해야 할까? 이에 대해 두 가지만 말하겠다.

첫째, 시의 소재를 일상에서 찾는다. 시는 일상이라는 드넓은 대지에 보물처럼 숨어 있다. 그것을 '발견'해 시로 표현하는 것이 시인의 일이다. 시는 식당 벽의 낙서, 책, 영화나 연속극의 대사, 저녁 산책길, 버스 안에서 사람들이 무심코 주고받는 말, 신문 귀퉁이 등 어디에나 묻혀 있다. 다음 시를 보자.

3월

엄마, 지금이 봄이야?
길 가던 아이가 묻습니다

그럼, 꽃이 피었으니 봄이지
아이의 엄마가 대답합니다

그 뒤를 따라 묵묵히 걸으며
문득 봄이란 말이 낯설었습니다

아, 내 인생에 봄이 왔던가
꽃이 피었던가
이제 곧 봄이 올 것 같아

세상이 문득 환해졌습니다.

　이 시는 3월 어느 날 길을 걷고 있는데 앞서가던 어린아이와 엄마가 실제로 하던 대화를 가져와 시로 쓴 것이다. 이제 곧 내 인생에도 봄이 오겠지, 꽃이 피겠지, 그런 예감이 들자 발걸음이 한결 가벼워지고 "세상이 문득 환해" 보였다는 것이다. 대중시의 씨앗은 이처럼 자신이 직접 보고 듣고 행한 자기 체험에서 발견하는 것이 좋다. 그래야 시가 관념적이지 않고 더욱 삶에 생생하게 밀착될 수 있기 때문이다.

　둘째, 시어의 선택이나 시에 쓰인 문장이 전문 시와는 다르게 그야말로 대중적(민중적)이어야 한다. 감상적이고 세련된 이른바 '시적'인 단어나 문장이 아닌 일상적인 말투, 일하는 사람들이 앞뒤 없이 툭 내지르는 것 같은 어투, 어떤 상황을 드러내기에 알맞은 말을 시의 단어와 문장으로 써야 한다. (이 점에 대해서는 우리말이 '상황언어'라는 것과, 이와 관련하여 더 깊은 공부가 필요하겠다.) 그래야 시가 투박하면서 강력해질 수 있다. 대중시는 세련됨보다는 강력해야 한다. 시의 강력함은 시어나 문장 표현이 생생하고 정확하고 구체적일 때 나온다. 시어는 보고, 만지고, 맛보고, 사진 찍을 수 있을 만큼 생생

해야 한다. 시 같지 않은 시, 의미가 명료하고 직설적인 시, 말의 안개에 가려져 있지 않고 내장과 실핏줄까지 선명히 드러나는 시가 좋은 대중시이다. 그래야 독자의 눈을 확 잡아끌어 그 시를 다시 읽고 기억하게 한다.

⑧ 시를 혼자 쓰지 않는다
　요즘 시인들은 시를 거의 혼자 쓴다. 예전에는 공동창작으로 시를 여럿이 함께 쓰는 일도 많았다. 시가 변혁의 무기로 작용했을 때, 공동체가 살아 있을 때 가능한 일이었다. 요즘 시가 주관적 관념과 의식을 지나치게 표출하는 것도 이런 사정과 무관하지 않을 것이다. 여기서 시를 혼자 쓰지 않는다는 것은 전과 같이 시를 공동창작하는 걸 의미하는 게 아니다. 다음 시를 보자.

　　가난한 사람

　　돈 생기면 바로 쓴다
　　작은 소득에 만족한다
　　그저 그런 친구가 많다
　　술을 좋아한다

헛투자를 많이 한다

빚이 있다

되는대로 산다

집안에 일이 많다

절약 절약을 생활화한다

생활에 현실감이 부족하다

종교에 빠져 있다

어? 나네!

　

이 시는 내가 주변 사람에게 가난한 사람 하면 생각나는 게 무엇인지를 물은 후 그 답을 정리하여 쓴 시이다. 예컨대 자주 가는 식당 주인이나, 마트 계산대에서 알바 하는 사람, 산에 다니며 만난 사람, 카페 사장님, 카센타 사장님, 아파트 경비원 등에게 가난한 사람 하면 떠오르는 것을 물은 후, 그 답변을 정리한 것이다. 그렇게 정리한 구절에 맨 마지막 한 줄 "어? 나네!"만 재밌게 하기 위해 내가 붙였다. 이런 식으로 시를 혼자 쓰지 않고 주변 사람의 참여를 이끌어 쓰면, 우선 시 쓰는 일이 재밌다. 전혀 예상할 수 없는 말이 튀어나오기도 한다. 여러 사람의 말 한마디가 그대로 시가 되는 과정을 체험하면서 대중 시에 대해 더 깊은 이해를 할 수 있다.

7) 대중시의 퇴고

앞에서 나는 대중시 작법 첫 번째로 "일기 쓰듯 매일 쓴다"를 들었다. 이는 다시 말해 우선 쓰고 나중에 고치라는 말이다. 쓸 때는 일기 쓰듯 쓰고 고칠 때는 머리칼을 쥐어뜯으며 열 번 스무 번 고쳐야 한다. 모든 글은 고칠수록 완성되기 때문이다. 시어 하나를 고치고, 문장을 고치고, 표현을 고치고, 의미가 잘 드러나 있나, 잘 읽히나, 군더더기 없이 간결한가, 시의 요처는 살아 있나, 세계 어느 나라 사람이 읽어도 공감할 수 있는 시인가, 등등을 매일 시간 나는 대로, 떠오르는 대로 고쳐야 한다. 열 번 스무 번 일 년 이 년 아침저녁으로 시와 함께 사는 일을 생활화 해야 한다. 고칠수록 시는 완성된다. 날카롭게 다듬어지고 당겨진 활줄에 걸린 화살처럼 팽팽해진다.

다시 말하지만 먼저 쓰고 나중에 두고두고 고쳐라. 쓰는 게 2할이라면 고치는 게 8할이다. 처음부터 만족스럽게 써지는 시는 극히 드물다.

행복

손 좀 펴보세요
꽉 쥔 주먹 좀 펴보세요
그 안에 무엇이 들어있나 보자구요.

이 시는 한 번에 쓰고 고치지 않았다. 떠오른 시의 씨앗을 그대로 적어 시로 완성한 것이다. 무언가를 움켜쥐고 있을 때보다 그것을 놓았을 때 행복을 느낀다는 의미이다. 그러나 이처럼 처음의 시상詩想이 온전히 시로 살아나는 경우는 많지 않다. 그리고 그렇다고 꼭 좋은 시가 되는 것도 아니다. 시는 끝없는 탈고 과정을 거치면서 완성된다.

시를 쓰고 나서 먼저 자신에게 물어라. 이 시는 좋은 시인가? 이 시에는 독자에게 외치는 입이 있는가? 독자를 끌어당길 한 방(요처)이 있는가? 군더더기는 없는가? 주관적이고 관념적이지 않은가? 세계 어디에 내놓아도 이해하고 공감할 수 있는 보편성이 있는가? 짧지만 그 속에 시의 전개구조와 운치가 있는가? 시가 복잡하고 애매하고 평범하지는 않은가? 그리고 쓸데없이 길지 않은가? 더 줄일 수 없는가? 퇴고는 이런 점을 끝없이 살펴서 고치고 또 고쳐 시의 완결성을 이루어내는 작업이다.

마크 트웨인의 말이다. "거의 정확한 단어와 정확한 단어의 차이는 반딧불이와 번갯불의 차이와 같다. 감질나는 게 아니라 번개처럼 내리치는 시. 팽팽한 긴장이 살아 있는 시는 정확한 단어로 분명하게 표현된다. 뒤틀림 없이 직선으로."

대중시는 독자가 먼저다. 항상 퇴고할 때도 독자의 눈으로 시를 봐야 한다. 그 독자도 전문 시인뿐만 아니라 언젠가 내 시를 읽을 일반 대중까지를 고려해야 한다. 그런 시각으로 시를 보게 되면 시에 어려운 말이나 섣부른 감상 같은 것들이 끼어들 여지가 없다. 내 시가 지향하는 바가 전문 문학인뿐만 아니라 일반 대중임을 분명히 한다면 시의 스타일은 달라질 수밖에 없다. 그런 자각을 바탕으로 시를 쓰면 헛소리하지 않고 번개처럼 내리치는 시를 쓸 수 있다.

대중시의 퇴고에 대해서도 여러 가지 사례를 들어 구체적으로 이야기할 수 있으나, 그런 일은 다음으로 미루고 여기서는 다음 몇 가지 중요 항목만 제시한다.

① 시가 짧아도 제목부터 끝까지 매끄럽게 흘러야 한다. 매끄럽지 못하다면 원인을 살펴 고쳐야 한다.

② 짧게 쓴다고 낙서하듯 스쳐 지나가는 단상短想을 적어놓은 듯 미완성으로 남기지 않는다.

③ 시의 요처가 살아 있는지 확인한다.

④ 불필요한 단어 하나, 한 구절, 한 문장이라도 줄여라. 그대로 둘 이유가 없다.

⑤ 쓴 시에 자기만의 스타일과 개성이 살아 있는지 확인하라. 누가 썼는지 모를 것 같은 시는 버려라. 쓰다 만 시 같은, 써도 그만 안 써도 그만인 것 같은 시 역시 버리거나 다시 써라.

⑥ 시가 실생활에 도움을 주고, 약자의 편에 서 있는지를 점검하라.

⑦ 추상적이고 어수선한 것, 혼란스러운 것, 자기만이 아는 기발한 생각 등은 피하라.

⑧ 시마다 인류의 보편적인 가치가 담겨 있는지 확인하라. 내가 쓴 시가 한국인뿐만 아니라 세계 어느 나라 사람이 읽을지 모른다는 생각으로 써라. 그렇다면 당연히 누가 읽어도 이해하고 공감할 수 있는 시가 되어야 한다. 그렇게 되도록 시를 퇴고한다. (여기서 한국시에 널리 발견되

는 한국적 정서 (정한情恨, 그리움, 슬픔, 사랑, 쓸쓸함, 애조, 외로움, 시의 여백 등)의 문제에 대해서는 따로 이야기할 필요가 있겠다.)

⑨ 화려하고 오묘하고 신비로운 시, 유식하고 유창하고 현학적인 시, 지나치게 빼어난 표현이나 세계 인식보다는 실생활에 도움을 주는 시가 더 효과적이고 중요하다. 말하고자 하는 바를 잘 표현하는 길은 요점만 이야기하는 것이다. 내 시가 그러한지 퇴고할 때마다 점검한다. 왜냐면 대중의 정서는 그렇지 않으니까. 시의 귀족주의, 탐미주의, 시란 이러해야 한다는 고정관념에서 벗어나 대중과 함께 하는 시, 지역과 세대를 뛰어넘어 세계인 누구나 이해하고 공감하는 시가 좋은 시이기 때문이다.

5. 재난을 대하는 우리의 자세 : 코로나19 시대를 지나며

내가 인생대학에 다니는 동안 사회적으로 일어난 가장 중요한 일은 코로나19 바이러스 창궐일 것이다. 코로나19 사태는 내가 인생대학에 들어가던 2020년 1월 20일에 첫 확진자가 발생했고, 그 후 2023년 5월 11일 정부에서 팬데믹 종식 선언을 하기까지 3년 4개월간 비상사태로 이어졌기 때문이다.

이 글을 쓰자니 이미 과거가 되어버린 약 3년 동안의 코로나 사태가 어제의 일인 듯 떠오른다. 처음 우리는 국내에서 첫 확진자가 발생한 이후 도대체 이 바이러스가 어디에서 나왔는지, 그 출처가 분명치 않아 설왕설래했던 일이 있다. 마스크 구매 수요가 급증하는 바람에 약국에서 마스크를 살 수 없었던 일, 모든 해외 입국자 2주간 자가 격리, 일상에서 고강도 거리두기, 식당 유흥주점 노래방 등 전자출입명부 기록, 화이자 모더나 등 외국계 다국적 의료 회사에서 개발한 백신 수입과 접종, 사적 모임 인원 제한, 오후 6시 이후 3인 모임 금지 등 마치 계엄령이 선포된 듯 일상에 제약을 받았다.

그뿐만이 아니다. 실내 체육시설 유흥시설 백화점 대형마트 등 다중 이용시설에 방역 패스 의무화를 도입하여 시민의 이동 자유마저 제한되었다. 그런 가운데 TV 화면에서는 중증환자와 사망자에 대한 보고가 실시간으로 이루어졌고, 사망자의 속출로 장례식장이 모자라 장례를 치를 수 없다는 둥, 장례를 치르더라도 30분 안에 모든 화장까지 마쳐야 한다는 둥, 흉흉한 소문과 실제 사실이 속수무책으로 TV만 바라보는 사람들의 가슴을 옥죄게 만들었다.

이런 와중에 백신 접종이 시작되었고, 그에 따른 부작용이 여기저기서 터져 나왔지만 인과관계를 증명하지 못한 사람들의 절망과 원성은 하늘을 찔렀다. 나는 백신 1차 접종부터 지금까지 한 번도 하지 않았다. 65세 이상 고령자에 기저질환 환자이기에 반드시 접종을 해야 함에도 나는 백신을 맞지 않았다. 내가 백신 접종을 하지 않은 것은 접종으로 인한 부작용이나 내 몸에 안전성이 검증되지 않은 이물질을 넣지 않기 위해서가 아니었다. 나는 백신으로는 우리에게 닥친 코로나19라는 세계적 재난을 극복할 수 없다고 보았다. 다시 말해 백신그 자체가 우리에게 닥친 재난에 대한 올바른 대응법이 아니라고 보아서였다.

주지하다시피 그동안 인류는 산업화 이후 자연을 파괴하고 착취하여 소위 '문명'이라는 것을 일구어 냈다. 문명은 한마디로 '편리함'이다. 기계의 힘을 빌어 생산성을 높이고 밤을 낮처럼 밝혀 수 만년 이어져 온 자연의 순리를 단숨에 바꾸어버렸다. 서양에서 인간의 몸에서 기계적 원리를 처음 발견한 사람은 데카르트였다. 그는 인간의 몸을 기계인 시계에 비교하여, 사람의 죽음을 시계가 고장 나 멈춘 것으로 보았다. 데카르트의 이런 기계적 사고는 이후 라깡, 들뢰즈와 가타리 등으로 이어지는데, 특히 들뢰즈와 가타리는 아예 기계를 '존재의 모태'로 확립하여, 인간의 손을 떠난 독자적인 존재 형태로까지 보았다.

동양에서 기계에 대해 처음 언급한 이는 아마도 장자일 것이다. 『장자』의 '천지편'에 보면 이런 이야기가 나온다.

"(공자의 제자 자공이 길을 가는데 한 노인이 밭에 물을 주고 있었다. 노인의 하는 일이 수고에 비해 효과가 없자 두레박이라는 기계를 써서 해 보라고 한다. 이에) 밭일을 하던 노인이 불끈 낯을 붉혔다가 웃으며 말했다. "나는 내 스승에게 들었소만, 기계를 갖는다면 기계에 의한 일이 반드시 생겨나고 그런 일이 생기면 기계에 사로잡히는 마음이 생겨나오. 有機械者 必有機事 有機事者 必有機心) ~ 이하 생략"

여기서 기심機心이란 기계를 갖게 되어 생기는 마음이다. 기계를 갖게 되면 그 기계를 관리하고 다루는 일이 생겨나고, 또 일을 좀 더 쉽고 빠르게 힘들지 않게 하려는 마음이 생긴다는 것이다. 그 결과 순수한 마음이 사라져 도를 이룰 수 없게 된다는 것이 장자가 보는 기계에 대한 요지이다.

18세기 중엽 산업혁명 이후 기계는 날로 발전하여 이제 기계가 사람의 일을 대신하고, 사람은 기계로부터 소외되는 지경에 이르렀다. 노동자 1만 명당 로봇의 대수를 나타내는 것을 '로봇 밀도'라고 하는데, 우리나라는 932대로 세계 평균 126대의 7.4배로 세계 1위다. 그만큼 로봇에 의존하는 산업현장이 많다는 것이며, 그 결과 사람의 일자리를 로봇이 잠식하게 되어, 임금은 하락하고 실업률은 증가하게 되는 것이다. 산업현장뿐만 아니라 일상생활 곳곳에 인공지능 생활로봇 등 인간의 정서적이고 지능적인 영역까지 기계가 대신하고 있는 실정이다. 그에 따른 고급 일자리 상실과 인간의 노동을 통한 사회적 가치 창출은 갈수록 어렵게 되었다. 산업혁명 초기 기계에 일자리는 빼앗긴 사람들이 기계를 파괴하는 러다이트 운동을 벌였지만, 지금은 그럴 수도 없다. 기계를 파괴하면 인간의 삶이 멈추기 때문이다.

기계문명의 발달은 가축을 기르는 방식에도 변화를 가져오고 결국 공장식 축산이 자리잡게 되어 여러 폐단을 낳게 되었다. 코로나19 이전에도 신종플루 메르스 같은 전염병이 창궐했고, 야생이나 농장 동물에도 조류독감, 구제역, 광우병, 아프리카 돼지 열병 같은 전염병이 끊이지 않고 있다. 살처분된 수백만 마리의 닭과 오리 같은 가금류, 그리고 광우병으로 생매장된 소, 돼지들은 어디로 갔나? 땅에 묻혀 우리 눈에 보이지 않는대서 그것들은 다 사라졌나? 그렇지 않다. 매장된 사체는 지하수를 오염시키고, 부패하는 과정에서 각종 바이러스와 세균을 뿜어낸다. 그런데도 우리는 아직 공장식 밀집 사육에 집단적으로 도축되어 식탁에 올라오는 육식문화에서 벗어나지 못하고 있다.

거대한 입

나는 소가 슬프다
나는 돼지가 슬프다
온몸이 가죽 한 장으로 덮여 있어 슬프다
가죽 한 장의 온몸이 통째로 땅에 묻혀 슬프다
아무 말도 못 하고 눈물만 흘려 슬프다
눈물도 없이 꽥 꽤액 비명만 질러 대어 슬프다
새끼가 있어 슬프다
어미가 새끼에게 젖을 물려 슬프다
소주잔만 한 눈망울이 슬프다
땅만 굽어보는 까만 눈이 슬프다
발굽이 두 개인 것이 슬프다
인공수정하는 주사기가 슬프다
밤새도록 켜있는 축사의 불빛이 슬프다
구유 옆 날리는 몇 송이 눈이 슬프다
문을 열면 곧바로 죽음인 것을
칠성판으로 깔리는 구덩이 속 비닐이 슬프다

이 겨울, 유난히 추운 것이

추위 속 처연히 뭉개지는 생명이

아니다 아니다

사육장에 가둬 놓고 사료 퍼 주면서

칠팔월 싱싱한 풀밭에 제초제를 뿌려 대는

인간이 슬프다

아귀아귀 먹어 대는

거대한 입들이 슬프다

  이렇게 아귀아귀 먹어 대는 입들이 있는 한 동물 전염병은 피할 수 없다. 자연을 인간 문명의 수단으로 보아(홍익인간 같은 말도 그렇다. 누천년 인간은 너무나 인간만을 이롭게 해 오지 않았나? 이 말도 이제 '홍익자연'으로 바뀌어야 한다.) 착취하고 파괴한 결과가 현재 우리들이 직면하고 있는 지구촌 '재난'인 것이다. 이 재난은 총체적이다. 어느 한 분야를 땜질한다고 해결될 성질의 것이 아니다. 인간의 욕망과 오만이 불러온 참사이다. 우리는 전염병 앞에 곧잘 '박멸'이라는 표현을 많이 쓴다. 그러나 백신과 약으로 박멸된 박테리아나 바이러스 세균은 없었다. 잠시 그 기세가 수그러들긴 하겠지. 그 흔한 무좀 하나 감기 하나 깨끗이 치료할 약이 없는 게 우리들의 실정이다.

내가 보기에 코로나19가 창궐한 3년 4개월 동안 대응의 분기점이 된 것은 2021년 2월 1일부터 시작된 백신 접종이다. 처음 의료진부터 접종이 이루어지기 이전에는 이른바 생활방역이 강조되었다. 손 씻기, 마스크 쓰기, 사회적 거리두기로 대표되는 생활방역은 이른바 '3밀'(밀폐, 밀접, 밀집)을 금지하여 전염병 확산에 대응하는 가장 기본적인 방법이다. 그리고 질병관리청을 중심으로 정부에서도 이 생활방역을 일상화하여 국민을 계도하고 코로나19 확산 방지에 힘을 쏟았다. 그런데 외국계 제약회사들이 개발한 백신이 수입되면서 전염병에 대응하는 가장 기본적 방법인 생활방역은 뒷전으로 밀리고, 오직 백신 접종 하나에 정책의 많은 부분이 집중되었다. 백신 접종을 독려했고, 접종자를 수치화하여 실시간 보도했으며, 접종자 패스 제도를 도입하여 나 같은 백신 미접종자들은 식당이나 대형 마트에도 가기 어렵게 했다.

분위기가 이렇다 보니 백신 미접종자는 은근히 사회적 범법자 같은 눈총을 받았고, 정부 정책에 따르지 않는 불순분자가 되어 버렸다. 여기서 상황이 조금 더 악화되면 이른바 '백신 파쇼' 같은 것이 등장해, 정부의 방조 하에 백신 접종자들이 미접종자들에게 집단 테러를 가할 수도 있겠구나, 하는 위기감을 그 당시 나는 여러 번 느꼈다.

코로나19에 백신 접종은 대응의 일부가 되어야 하고, 기본은 인간의 욕망을 줄이는 가운데 생활방역이 중심이 되어야 한다는 것이 나의 지론이었다. 정부는 이런 원칙을 지켜 육식 중심의 식생활 문제 등 생활방역의 중요성을 계속 계도해 나가고, 그러면서 백신 접종을 보조적 수단으로 해야 한다는 것이 코로나19라는 재난에 대한 나의 기본자세였다. 일상에서 자기 욕망껏 생활에 분탕질을 쳐놓고 문제가 터지면 그때마다 백신으로 해결한다? 이런 편의주의적 사고는 해결책이 될 수도 없을 뿐만 아니라, 외국계 다국적 제약회사들의 배나 불려주는 사고가 아닐 수 없다.

육식을 줄이고 과소비를 삼가고, 궁극적으로 바이러스를 박멸의 대상이 아닌 인간과 함께 가야 할 대상으로 인식해야 한다는 것이 내 생각이다. 나는 코로나19 시기 백신 접종을 하지 않는 대신 그동안 없던 내 생활에 변화가 일어났다. 손 씻기, 마스크 쓰기, 육식(고기, 생선, 달걀, 우유 등) 멀리하기, 그리고 3밀 공간에 가지 않기를 생활화하고 있다. 점심시간 약속도 식당에 사람이 붐비는 시간을 피해 가능하면 2시 이후로 잡는다. 마스크는 한낮 기온이 35도를 넘는 한여름에도 외출 시 꼭 쓴다. 아무튼 그렇게 생활(개인) 방역을 지키다 보니 기저질환이 있음에도 백신 접종을 하지 않고 지금까지 무난히 코로나19 기간을 지나왔다.

재난은 늘 과학을 앞질러온다. 과학이 발달하지 않아 재난을 막지 못하는 것이 아니다. 인공지능 로봇이 소설을 쓰고 그림을 그리는 첨단 과학의 시대에 그러나 재난은 예고 없이 터져 나와 순식간에 인간을 덮친다. 재난의 모습 또한 정해져 있지 않다. 기후문제로 원자력 문제로 물 부족으로 지구 온난화 문제로 뜻하지 않은 산불이나 땅 꺼짐 사고 등 각종 각양의 형태로 우리 곁에 도사리고 있다.

더구나 우린 그 재앙의 실체가 무엇인지 잘 모를 때가 많다. 원인이 무엇인지, 그 재앙이 언제까지 갈지, 그동안 얼마나 많은 사람이나 동식물이 죽어 나갈지 알지 못한다. 그러면서 다국적 제약회사가 개발해, 그들의 배나 불려주는 백신에 의존하게 된다. 나는 코로나19 바이러스보다 이런 재난에 대응하는 우리들의 안일함과 맹목이 더 두렵다. 백신 접종 후 몇 사람이 치유되었다는 성과주의의 숫자놀음이 두렵다. 그러나 정부의 정책은 이 성과주의를 지향한다. 달리 다른 방법이 없을뿐더러 자기들 업적을 자랑하기에 이 성과주의만 한 것이 없기 때문이다. 끝 모르게 발전하는 문명의 편리와 욕망과 오만으로 뒤덮인 인간의 자기 삶에 대한 반성 없이 무조건 백신이면 다 될 거라는 맹목의 논리가 나는 무서운 것이다.

앞으로 또 어떤 재난이 우리를 덮칠지 모른다. 코로나19 바이러스도 완전 종식된 것이 아니다. 3년 4개월 동안 코로나19로 인한 공식 사망자 수는 3만 6천 명이다. 지금은 2023년 8월 31일 코로나19가 4급 감염병으로 조정됨에 따라 더이상 공식 확진자와 사망자 수도 집계되지 않고 있다. 그렇다고 코로나19가 완전히 종식된 것은 아니다. 지금도 코로나19에 감염되었다는 말이 주위에서 종종 들려오고 있다. 그리고 어떤 변종의 형태로 다시 우리 앞에 나타날지 모른다.

코로나19 확산 초기, "이제 우리는 코로나 이전으로 돌아갈 수 없다"는 말을 많이 했다. 이 말은 바이러스 유행이 영원히 지속된다는 말이 아니라, 코로나19라는 전 세계적 팬데믹 위기를 맞아 우리 모두가 지금까지 살아온 삶의 방식으로는 더 이상 지속가능한 삶을 살 수 없다는 자기 반성적 표현이었다. 다시 말해 개인적 사회적 총체적 위기 앞에 근본적인 삶의 변화가 필요하다는 이야기였다. 그런데 지금 우리는 어떠한가? 우리는 코로나19 이전과 달라진 것이 없다. 그렇게 끔찍한 일을 치르고도 단 한 줄의 교훈도 얻지 못한 채 전과 다름없이 흥청대고 있다.

기본에 충실해야 한다. 앞으로 또 어떤 재난이 우리에게 닥칠지 모른다. 그럴수록 기본에 충실해야 하며, 그 기본이란 고삐 풀려 채소밭으로 달려가는 소 같은 인간의 욕망을 다스리는 일이다. 육식을 줄이고, 욕망과 경쟁의 속도를 줄이고, 플러스(+)보다는 마이너스(-)의 인생관을 가져야 하며, 홀로 있는 힘을 기르고, 삶의 근본인 평화를 실천하고, 이를 학생들에게 지속적으로 교육해야 한다.

문제 해결의 열쇠는 생활 속에 있다. 백신은 그다음이다. 할 수 있는 데까지 하는 것. 그래도 안 되면 다른 수를 모색하는 것. 이것이 재난에 대한 우리의 기본 자세가 아니겠는가.

6. 그 외 (저술) 활동

돌아보니 5년제 인생대학에 다니면서 글도 열심히 썼다. 그 기간에 책으로 묶여 나온 것이 6권, 엮은 것이 3권이다. 여기서는 책으로 나온 것만을 기준으로 살펴본다.

① 좋으니까 그런다 (2020. 2)
② 어쩌다, 한 마디 (2021.12)
③ 그렇게 마음이 편한 적은 정말 오랜만이었다 (2022. 6)
④ 산 (2023. 2)
⑤ 어머니 사시던 고향은 (2023. 5)
⑥ 미래세대愛 심리교실 (2023. 12)
⑦ 퇴직 후 잘사는 인생 (2024. 3)

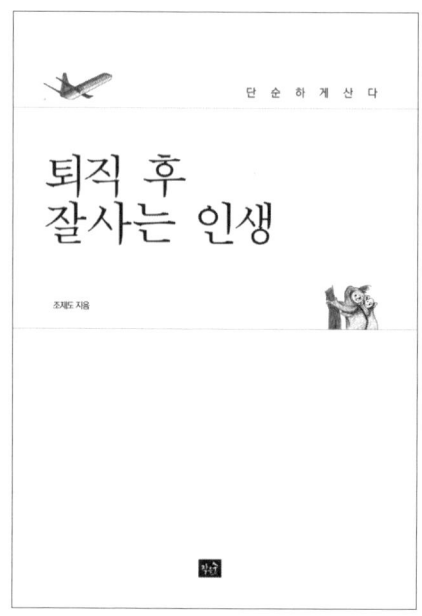

◀『퇴직 후 잘사는 인생』표지.

① ④ ⑤는 개인 시집이다. 이 가운데 특기할 만한 시집은 ⑤번이다. 시집 『어머니 사시던 고향은』에는 내가 직접 크레파스로 그린 그림 30점이 들어가 있다. 그림을 그려보고 싶다는 생각은 오래전부터 해왔다. 그래서 그림의 기초가 되는 책들을 구입해 따라 하기도 했지만 결과는 신통치 않았다. 그러다 2022년 죽이 되든 밥이 되든 그리자, 단 색연필과 크레파스로 그리자, 이번에도 안 되면 이제 그림과는 끝이다, 라는 심정으로 무턱대고 그렸다. 시골집도 그리고, 산에 다니며 찍은 꽃과

그 방

낮은 천장엔 얼룩얼룩한 쥐 오줌 자국이 있었다
빛바랜 벽지엔 댓이파리 같은 빈대의 핏자국도 있었다
살뜰한 볕이 숭능 빛 문 창호지를 간질이기도 하던 곳
그곳에서 어머니는 내가 갓난쟁이였을 때
오줌 싸고 구들장이 식어 응애응애 울면
나를 배 위에 올려놓고, 그렇게 길렀다고
쓸쓸히 웃으신다.

나무도 그리고, 눈에 띄는 대로 그렸다. 그렇게 거의 매일 그리다 보니 일 년에 200점 넘게 그렸다. 그 가운데 30점을 추려 시 80편과 함께 만든 시집이 바로 『어머니 사시던 고향은』이다.

또 하나 특기해야 할 책이 있다. ③번의 『그렇게 마음이 편한 적은 정말 오랜만이었다』라는 책이다. 이 책은 앞서 말한 '청소년 평화모임'에서 2012년 3월부터 모임 결성 10주년이 되는 2022년 3월까지 1년에 5회씩 회보를 발간했는데, 모임 결성 10주년을 축하하기 위해 펴낸, 평화 관련 학생들의 글과 그림이 실

◀『그렇게 마음이 편한 적은 정말 오랜만이었다』표지.

려 있는 책이다. 제목도 학생 글 가운데 한 문장을 따온 것이다.

이 책은 모두 4부로 되어 있다. 1부 : 우리 좋은 시간을 보내자, 에는 어떤 그림(『살자토끼 1,2』, 작은숲 간)에 학생의 짧은 소감이 들어 있다. 2부 : 그렇게 마음이 편한 적은 정말 오랜만이었다, 에는 '청소년평화교실'에 참가한 학생의 참가기와, 평화를 주제로 한 학생글과 어른의 글이 실려 있다. 3부 : 세상에 나쁜 애는 없다, 에는 평화 관련 이미지에 그 의미를 더하는 짧은 말이 붙여져 있고, 4부 : 가끔은 도움의 손길을 받는 것도 좋

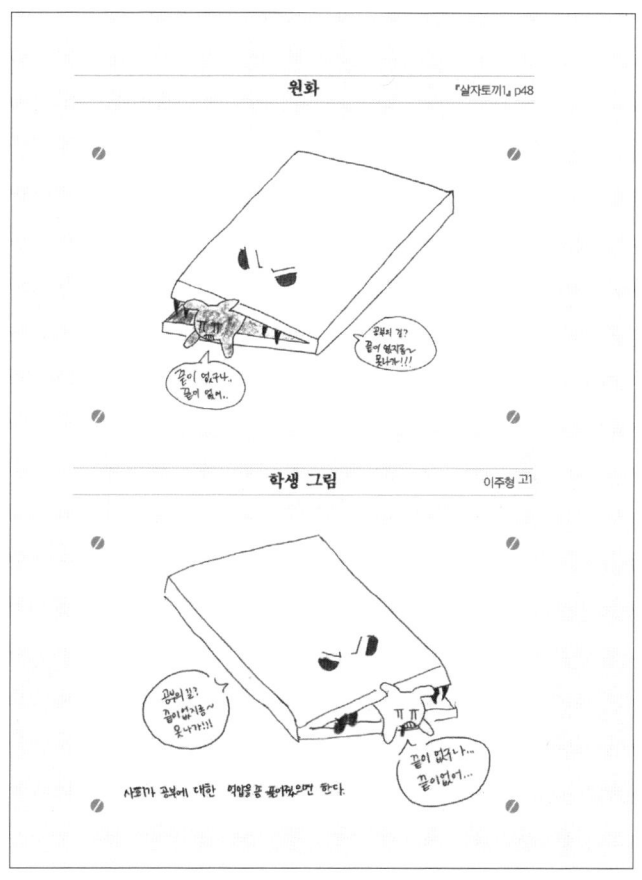

습니다, 에는 『살자토끼』에 나오는 그림을 갖고 여러 학교에서 한 학생들의 작품이 들어 있다.

그리고 이 책의 맨 마지막 장에는 중학교 2학년 여학생이 쓴 읽고 난 뒤의 소감문이 실려 있다.

"선생님의 추천으로 이 책의 원고를 받아든 날, 내가 쓴 하얀 마스크 위로 더 하얀 봄볕이 쏟아져 내렸다. 그동안 많은 책을 읽었지만 내 또래들이 쓴 글을 읽어 볼 기회는 많지 않았다. 그래서 뭔가 흥미롭기도 하고 부러운 마음으로 읽어내려 갔다. 그림도 글도 쉬운 듯하면서 깊은 여운이 남았다. 그 여운의 자락들을 따라가 보니 맨 마지막에 남아 있는 아이가 바로 '평화'였다.

평화.

잘 안다고 생각했지만 또 이렇게 마주하고 보니 생뚱맞기도 하고 낯설기도 한 건 뭘까? 내 마음이 평화로운 때를 생각해 보았다. 중간고사가 끝난 바로 지금. 친구들과 즐거운 수다를 떠는 쉬는 시간. 내가 좋아하는 책을 읽는 시간. 무심결에 잡은 엄마의 따뜻한 손. 내가 잘 모르고 지냈지만 일상의 순간순간마다 평화가 숨어 있었다. 나는 소소한 내 일상을 감히 평화라고 말하고 싶다. 평화는 바로 내 옆에, 내 앞에, 그리고 내 속에 흔한 동전처럼 놓여 있어서

자세히 보지 않으면, 생각하지 않으면 그것이 얼마나 소중한 존재인지 알아차리지 못하게 되는 것이다.

지금이라도 알게 된 이 좋은 평화가 오래오래 내 곁에서 함께해 준다면 참 좋겠다. 자신도 몰랐던 평화의 소중함을 느껴 보고 싶다면 이 책을 꼭 읽어 보라고 추천하고 싶다."

내가 이 책을 비교적 상세히 소개하는 이유는 이 글을 읽는 독자들이 이 책의 내용을 짐작해보도록 하기 위해서다. 이 책은 모두 125쪽이다. 얇다. 두께는 얇지만 담고 있는 내용은 만만치 않다. 우선 '청소년평화모임' 10년 동안의 활동 내용이 들어 있다. 그리고 어른이 쓴 몇 편의 글을 제외하면 모두 학생 작품이다. 주제는 어린이 청소년 평화다. 학생들이 생각하고 실천하는 평화! 우리나라에 평화를 주제로 한 학생의 글과 그림으로 된 책이 있던가? 내가 알기엔 없다. 내 견문이 짧아선지 몰라도 이 책 외에는 없는 것으로 안다.

나는 이런 책이 우리나라 중고등학교 교실에 한두 권쯤 비치되어 학생들의 평화 감수성 발달에 기여했으면 한다. 평화감수성은 갈등 상황을 평화롭게 해결할 능력인 '평화력力'을 길러준다. 그런데 이 평화감수성은 평소 평화로운 일상을 체험하면서 길러진다. 어린이 청소년이 대부분 시간을 보내는 곳은 학교와 가정이다. 따라서 학교와 가정에서 평소 평화감수성이 길러져야 하며, 그것을 바탕으로 평화력이 향상되어 갈등 상황을 슬기롭게 헤쳐나갈 수 있다. 우리가 학교에서 평화교육을 하지 않으면 그 시간에 누군가가 경쟁교육, 폭력교육을 한다는 사실을 명심해야 한다. 그러나 내가 알기로 우리나라 학교에서의 평화교육은 전혀 이루어지지 않고 있다.

우리나라에 이른바 진보교육감이 출현한 게 10년이 넘었다. 1기(임기 4년) 진보교육감이 나올 때 전국 15개 시도 교육감 가운데 열 군데 이상이 진보교육감이었다. 그 후 2기를 지나 지금이 3기째. 그런데 아쉽게도 어느 지역에서 평화교육을 하고 있다는 말을 나는 들은 적이 없다. 평화교육 민주교육 인권교육 같은 인성교육이 그야말로 '진보'라는 이름에 걸맞게 체계적으로 이루어지고 있다는 말을 나는 듣지 못했다. 그럼 뭔가? 진보교육감도 결국 행정 집행과 제도적인 문제에 걸려 싸우다 세월 다 보낸 것 아닌가. 그런 일은 진보가 아닌 다른 사람도 얼마든지 할 수 있는 일이 아닌가.

앞서 말했듯이 청소년기 평화를 체험한 사람은 커서도 평화를 추구하는 사람이 된다. 청소년기에 형성되는 자아가 그래서 중요하다. 그리고 이 책 『그렇게 마음이 편한 적은 정말 오랜만이었다』에는 지난 10년 동안 여러 학교에서 평화를 주제로 학생들이 쓴 글과 그림이 모아져 있다. 왜 이런 책을 학생들에게 소개하지 않나? 정말 안타깝고 아쉬운 일이다.

III 총괄평가와 전망

드디어 이 보고서의 끝이 보인다. 총괄평가에서 빼놓을 수 없는 것은 5년 동안의 가족 문제이다. 가족은 인생이란 강을 건너는 데 뗏목 같은 존재니까.

인생대학에 처음 입학하던 2000년 4월에 장인이 돌아가셨다. 코로나19의 기세가 갈수록 심해지던 때였다. 장인의 부재는 한 가정에 많은 변화를 불러왔다. 장모가 몸져 누워 요양원과 병원을 오가는 동안, 장인의 상속 문제 등으로 가족 간 사이가 버성기게 되었다. 그로 인한 여파가 나에게까지 와 아내와의 다툼이 잦게 되고, 딸과의 사이도 안 좋게 되었다. 하지만 어쩌겠는가? 내 뜻대로 되지 않는 게 사람의 일임을.

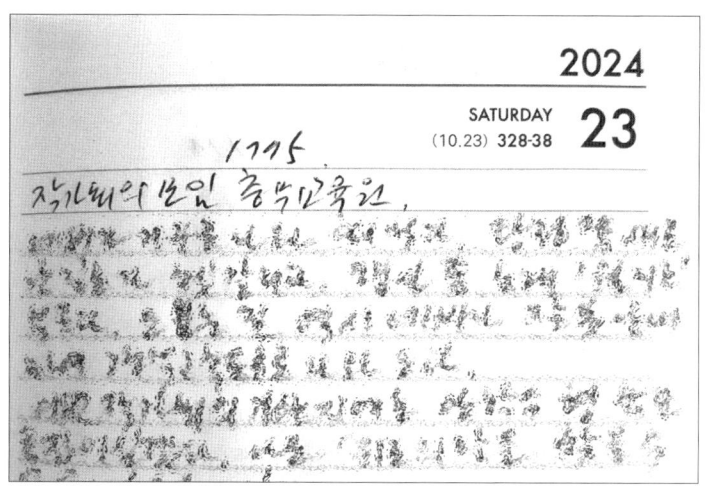

▲ 2024년 11월 23일이 인생대학에 입학한 지 1775일째임을 나타내고 있다.

그럼에도 5년 동안 정말 열심히 살았다. 매일 쓰는 다이어리에 그날그날이 인생대학에 다닌 지 며칠째인가를 기록하여 인생대학에 입학할 때의 초심을 잃지 않으려고 애썼다.

하루하루가 오늘이 마지막이라는 마음으로 정진했다. 눈뜨면 하루가 더 주어졌다는 사실에 감사하고, 잠들기 전 그날 있었던 좋은 일 다섯 가지를 떠올리며 감사 기도를 올렸다. 그러면서 깨달은 것이 인생 최고의 자아실현이란 바로 '자유'라는 것이다. 그렇다. 자유! 그동안 염원해 온 나만의 시를 쓰게 된 자유, 여러 사회적 통념으로부터의 자유, 가족으로부터의 자유, 인간 관계와 일로부터의 자유, 삶에서 오는 욕망과 필요와 욕구로부터의 자유. 종교와 신으로부터의 자유. 예전에도 나는 비교적 자유로운 영혼의 사람이었다. 성장 과정부터 초등학교 때 서울로 전학 가 부모의 간섭에서 자유로웠고, 교사라는 이름으로 직장 생활할 때도 가정의 의무에서도 비교적 자유로운 삶을 살았다. 따라서 자유를 느껴 보지 못한 것은 아니지만, 그동안 5년제 인생대학에 다니면서 공부하고 추구한 자유는 그 차원이 다르다. 예전의 자유가 어떤 원 안에서의 자유였다면, 이제는 그 원 자체가 없는 '대자유'랄까? 그리고 자유에서 진정한 평화가 옴을 깨달았다.

자유는 우리가 원래부터 갖고 있던 것이 아니다. 계속 새롭게 획득하고 쟁취하고 얻어내고 지켜야 할 것이다. 왜냐하면 우리의 일상에는 자유를 억압하는 요소가 늘 상존하기 때문이다. 자유란 원하지 않는 것을 하지 않는 것을 의미한다. 내가 5년제 인생대학을 다니는 동안 수련(공부)을 통해 얻은 깨달음은 내가 자유롭다면 주변 사람들, 특히 배우자나 자녀들도 간섭하지 말고 자유롭게 해야 한다는 것이다. 그러면 걱정이 줄어들고 자유로운 경험을 통해 서로의 짐을 덜어주고 서로의 긴장을 풀어주려고 노력한다는 것이다. 인습과 전통, 세속적 의무와 불안 두려움에서 자신을 자유롭게 해야 한다.

인생대학에 처음부터 함께한 전인 시인과 '불모임'을 할 때였다. 인생대학도 올해가 마지막이고, 그곳을 졸업한 후 그다음 진로에 대한 이야기가 오갈 때였다.

"인생대학 졸업하면 뭐하죠?"
"그다음엔 대학원에 또 가야지요."
"하하하, 맞다! 대학원!"
"그 대학원 중심 슬로건은요?"
"이번엔 잘 죽자죠."
"하하하, 좋아요 좋아, 잘 죽자."

농담으로 한 말이 아니었다. 잘 죽는 문제에 대해 이제 실제로 생각해야 할 때가 되었다. 그렇다. 무슨 일이 있어도 우리의 삶은 계속된다. 우리나라 남녀 평균 건강 나이가 73.5세. 앞으로 5년제 인생 대학원을 다니다 보면 나도 이제 그 나이가 된다. 그 뒤는 어떻게 될지 모른다. 아니 그 전에라도 무슨 일이 일어나 죽을지 모른다.

하여 나는 내년(2025년)부터 다시 5년제 인생대학 대학원에 다닐 것이다. 그래서 인생대학에서 공부하면서 깨달은 '대

자유'를 일상생활에서 적용 심화하고 실천할 기회를 가질 것이다. 그리고 시에서도 대중시에 대해 더 공부하고 쓸 것이다. 시의 대중화를 위해 2018년 1월부터 8년째 매월 말에 보내드리는 '시 한 잔' 작업과 신문에 연재하는 일도 계속할 것이다. '함께 평화모임' 역시 청소년 평화를 주제로 이어갈 것이다. 그리고 글 쓰는 일도 앞으로는 어른을 대상으로 하는 글보다는 어린이와 청소년을 위한 글을 더 쓰려고 한다.

그러나 이 같은 바람은 어디까지나 나의 계획이다. 한 치 앞을 볼 수 없는 인간으로서 내가 계획하고 바라는 일이다. 따라서 인간의 차원을 벗어나, 나에 대한 신의 계획은 또 따로 있을지 모른다. 그리고 그것이 무엇인지 나는 알 수 없다. 다만 어떤 신의 계획이 나에게 미치되더라도 큰 불평 없이 순명으로 받아들일 마음의 여유가 생겼다는 것이다.

2024년 12월 31일. 나와 전인 시인은 5년제 인생대학 졸업식을 천안 태조산 근처 식당에서 가졌다. 우린 내가 미리 준비한 졸업 증서가 담긴 작은 액자를 나눠 가지며, 그동안 큰 탈 없이 최선을 다해 공부해온 일에 감사했다. 증서의 내용은 다음과 같다.

증서

인생의 길에
만남과 이별 그 얼마나 많은가
감기고 풀리는 인연에 따라
'불모임' 함께 하며
'5년제 인생대학' 도반이 되었으니
2020년에 입학 2024년 졸업
그동안 열심히 공부하고 열심히 살아
마침내 오늘
인생대학 마지막 날에 이르렀으니
이 증서로 지난 행적을
기념하여 나눈다.

2024년 12월 31일. 전인순 조재도.

〈끝〉